Reise durch

DÜSSELDORF

Bilder von
Hans Zaglitsch

Texte von
Linda O'Bryan

Stürtz

Erste Seite:
Das Reiterstandbild des Kurfürsten Johann Wilhelm von der Pfalz (1658–1716), kurz Jan Wellem genannt,

am Marktplatz zählt zu den ältesten Denkmälern der Stadt und wurde 1711 von Gabriel de Grupello geschaffen.

Vorherige Seite:
Die etwa zwei Kilometer lange Rheinuferpromenade lädt zum Verweilen ein. In den alten Kasematten und Lagerräumen des

ehemaligen Hafens haben Kneipen ihren Einzug gehalten und servieren auf den Terrassen Bodenständiges und Altbier.

Unten:
Die meisten Altstadtgassen sind verkehrsfrei, einige als Fußgängerzone ausgewiesen. Hier findet man urige Kneipen, gemütliche

Cafés, kleine Hausbrauereien und Restaurants, die für jeden Geschmack und jeden Geldbeutel etwas anzubieten haben.

Seite 10/11:
Spektakuläre Aussichten
wie hier auf den Rhein und
Oberkassel bieten sich
vom Rheinturm aus, wo in
einer Höhe von 168 Metern
eine Bar mit großen Sicht-
fenstern eingerichtet wurde.
Ein paar Schritte höher
sorgt ein Restaurant fürs
leibliche Wohl mit Blick
auf alle Stadtteile, ohne
dass man seinen Platz
verlassen muss, denn das
Restaurant dreht sich.

Inhalt

Überraschend anders: Düsseldorf, pulsierende Metropole am Rhein

Während der weiße Schlossturm als auffallendstes Bauwerk den historischen Burgplatz beherrscht, ist die breite Schlossstiege am Rheinufer beliebter Treffpunkt zu jeder Tageszeit, natürlich wenn das Wetter mitspielt.

Wenn von Düsseldorf die Rede ist, dann gibt es oft erstaunte Gesichter, zucken die meisten nur mit den Schultern – Düsseldorf? Vielleicht kann sich die Rheinmetropole nicht mit Berlin, Hamburg oder München vergleichen, doch die Stadt hat viel zu bieten, ist dynamisch, weltoffen und abwechslungsreich. Aus dem unscheinbaren Fischerdorf an der Mündung der Düssel in den Rhein entwickelte sich eine der interessantesten Städte Deutschlands. Düsseldorf ist heute Landeshauptstadt von Nordrhein-Westfalen, Mode- und Messemetropole und Spielplatz für renommierte Architekten aus aller Welt.

Düsseldorf ist aber auch mit vielen Klischees und Irrtümern behaftet. Liegt die Stadt nun im Ruhrgebiet, angesichts der Fabriken und rauchenden Schlote in weiter Ferne? Nein! Düsseldorf ist pures Rheinland, die Städter also waschechte Rheinländer mit viel Toleranz, Frohsinn und Heiterkeit. Eigenschaften, die sich schließlich mit einem Schuss mediterraner Lebensart zur Mentalität der Großstädter vermischen. Hinzu kommt noch eine gute Lebensqualität in der Stadt, wie aus jüngsten Umfragen hervorgegangen ist. In der Rheinmetropole lässt sich denn auch das Dolce Vita in vollen Zügen genießen, ob an einem warmen Sommertag am sandigen Rheinstrand nahe dem Medienhafen, in einem der rund 300 Restaurants, urigen Kneipen und traditionellen Hausbrauereien in der Altstadt, die Düsseldorf den Ruf als „die längste Theke der Welt" einbrachten, oder an der über zwei Kilometer langen Rheinuferpromenade mit gepflegten Parks, der kultigen Trinkhalle Fortuna-Büdchen nahe der Oberkasseler Brücke und der Freitreppe am Burgplatz im Herzen der Altstadt, wo täglich, wenn es das Wetter erlaubt, traditionell der Sonnenuntergang genossen wird.

Die „längste Theke der Welt" ist übrigens rein symbolisch zu verstehen. So manche Außenstehende sind schon durch die Altstadtgassen gelaufen, vergeblich auf der Suche nach ebendieser „langen Theke". Ein großer Irrtum, wie auch jene Behauptung, dass es in Düsseldorf überhaupt keinen Wegweiser nach Köln geben

soll, das gerade mal 30 Kilometer südlicher am Rhein liegt. Stimmt ebenfalls nicht, nimmt allerdings nicht die Tatsache weg, dass zwischen den beiden Städten seit Jahrhunderten eine große, auf wirtschaftlichen und historischen Fakten basierende Rivalität herrscht. Ein gutes Wort über Köln in einer Düsseldorfer Altstadtkneipe zu verlieren, endet oft in heftigen Diskussionen. Oder nach einem Kölsch in Düsseldorf zu fragen ist fast eine Todsünde, ebenso als würde man in Köln ein Altbier, eine Düsseldorfer Errungenschaft, bestellen.

Das Dorf an der Düssel

In der Altstadt nahe der beliebten Freitreppe am Burgplatz mündet die Nördliche Düssel in den Rhein. Viel ist davon allerdings nicht mehr zu sehen. Man hat kurzerhand die Düssel unter die Erdoberfläche verbannt, eingezwängt in Betonrohre. Südlich der breiten Freitreppe reihen sich Terrassencafés und Biergärten aneinander. Bei einem kühlen Getränk unter schattigen Sonnenschirmen genießt man die Szenerie auf der Promenade, lässt man den Blick über den Rhein schweifen und guckt den schwerbeladenen Transportschiffen zu, die gemächlich an der Stadt vorbeiziehen. Oder man blickt auf das lebhafte Treiben rund um die Ausflugsschiffe, die vom Altstadtufer ablegen. Düsseldorf ist seit jeher eine Fähr- und Hafenstadt und kann auf eine über 850 Jahre lange Geschichte zurückblicken. Die frühe Stadtgeschichte lässt sich noch an einigen Bauwerken in und um die kleine Altstadt ablesen. Der Schlossturm am Burgplatz etwa ist das einzige noch erhaltene Bauwerk des ehemaligen, kurfürstlichen Stadtschlosses aus dem 13. Jahrhundert. Es stammte von den Grafen und Herzögen von Berg, die das Geschick der Stadt über Jahrhunderte hinweg lenkten. Das Schloss wurde 1872 durch einen Brand völlig zerstört. Heute ist im Schlossturm ein kleines Schifffahrtsmuseum und ein gemütliches Café im obersten Stockwerk untergebracht, von wo aus sich ein schöner Rundumblick bietet. Der schiefe Turm der gotischen Backsteinkirche Sankt Lambertus nördlich des Burgplatzes erinnert an das Stift, das im Zuge der Stadterhebung gegründet wurde. Und die prachtvolle Königsallee im Stadtteil Mitte und der großangelegte Hofgarten sind deutlich sichtbare Hinterlassenschaften Napoleons, dessen Herrschaft über Düsseldorf allerdings nur sehr kurz währte. Es sind nur einige stumme Zeugen aus der turbulenten Stadtgeschichte. Geschichtlich bedeutendere Baudenkmäler befinden sich in den umliegenden Dörfern, die durch Eingemeindung heute den Stadtrand bilden, wie etwa Benrath, Kaiserswerth und Gerresheim.

Anfänge der Menschheitsgeschichte

Doch schon lange Zeit vor der ersten urkundlichen Erwähnung eines Dorfes Mitte des 12. Jahrhunderts lebten Menschen vor etwa 40 000 Jahren im heutigen Düsseldorfer Raum. Um welche Menschen es sich damals exakt handelte, ist bis heute nicht eindeutig geklärt. Die Wissenschaftler nannten sie einfachheitshalber Neandertaler, ein Name, der vom Fundort im idyllischen Neandertal abgeleitet wurde, wo Forscher in einer Höhle 1856 einige Schädel- und Knochenreste dieser Urmenschen fanden. Das 1996 erbaute Neanderthal-Museum in Mettmann dokumentiert auf sehr eindrucksvolle Weise die Geschichte dieser Urmenschen und zeigt gleichzeitig auch die Geschichte der Menschheit von ihren Anfängen bis in die Gegenwart, unter anderem mit lebensgroßen Nachbildungen von Urmenschen aus dem afrikanischen, asiatischen und europäischen Raum. Eine Besichtigung des Neanderthal-Museums sollte bei einem Stadtbesuch keineswegs ausgelassen werden.

Auch aus der Bronze- und der Eisenzeit fanden Archäologen viele Spuren in und um Düsseldorf, die belegen, dass die Region am rechten Rheinufer in dieser Zeit ebenfalls besiedelt war. Das Gebiet am linken Rheinufer wurde dagegen erst viel später bevölkert. Um etwa 50 v. Chr. eroberte Julius Cäsar die linksrheinische Region und gliederte es in sein Römisches Reich ein. In vielen Auseinandersetzungen, den sogenannten Gallischen Kriegen zwischen den Römern und den Völkern am rechten Rheinufer, eroberten Cäsars Truppen schließlich auch das rechtsrheinische Gebiet. Spuren aus dem 1. Jahrhundert n. Chr. zeugen von einer dichten Besiedlung auf beiden Seiten des Rheins. Ab dem 3. Jahrhundert nahm die Bevölkerung am Rheinufer im Düsseldorfer Raum rasch ab. Einen Grund für die Abwanderung konnte die Wissenschaft bis heute nicht eindeutig finden. Erst Funde, die vor allem aus Gräberfeldern zum Vorschein kamen, zeugen davon, dass beide Uferregionen ab Mitte des 5. Jahrhunderts wieder kontinuierlich besiedelt wurden. Im Düsseldorfer Stadtmuseum in der Carlstadt und in dem 2003 erbauten römischen Museum Haus Bürgel in Monheim am Rhein sind in Dauerausstellungen viele dieser Ausgrabungsfunde zu bewundern.

Aufstieg zur Residenzstadt

Über genaue Anfänge jener Siedlung, aus der sich schließlich die heutige Stadt entwickelte, ist kaum etwas bekannt. Man vermutet, dass sich im 8. oder 9. Jahrhundert ein Dorf etwa dort befand, wo heute die Altstadt liegt. Auch die erste urkundliche Erwähnung dieses Dorfes kann nicht mit Sicherheit gesagt werden. In ei-

ner Urkunde aus dem 12. Jahrhundert taucht erstmals ein Ort mit dem Namen Dusseldorp auf. Das Dorf stand damals unter der Herrschaft der Herren von Teveren und war bereits ein bescheidener Fährhafen, Umschlagplatz und Stützpunkt für Händler, die entlang des Rheins regen Handel trieben. Ende des 12. Jahrhunderts verpfändeten schließlich die Herren von Teveren das Dorf an den Grafen Engelbert I. von Berg. In den folgenden sechs Jahrhunderten schwangen nun die Grafen und Herzöge von Berg das Zepter über Düsseldorf. 1288 erhielt Düsseldorf vom Grafen von Berg schließlich das Stadtrecht. Mit der Gründung eines Stiftes, dort wo heute in der Altstadt die Kirche Sankt Lambertus steht, wollten die Bergs die Bedeutung der Stadt erhöhen. Rund hundert Jahre nach der Stadtgründung wurde Düsseldorf schließlich zur Residenzstadt erhoben. Kriege, Erbstreitigkeiten, wechselnde Herrscher, Heiratspolitik, Brände und Naturkatastrophen in den nachfolgenden Jahrhunderten ließen die Stadt nur ganz langsam wachsen.

Jan Wellem
Großen Einfluss auf die Stadt hatte der Kurfürst Johann Wilhelm, in Düsseldorf einfach nur kurz Jan Wellem genannt. Er erhielt die Kurfürstenwürde von seinem Vater Philipp Wilhelm, der als Kurfürst neben Düsseldorf auch über die Pfalz herrschte und seine Residenz in Heidelberg hatte. Nach dem Tod seines Vaters erbte Jan Wellem auch die Kurfürstenwürde von der Pfalz, verlegte aber Ende des 17. Jahrhunderts seine Residenz von Heidelberg nach Düsseldorf. Damit begann eine außergewöhnliche Blütezeit für die Stadt. Vor allem Kunst und Kultur erhielten enorme Impulse. Jan Wellem unterhielt am Düsseldorfer Hof einen sehr aufwendigen, teuren Lebensstil und als Kunstmäzen ließ er auf Staatskosten viele renommierte Künstler nach Düsseldorf kommen, Opern und Musikfeste regelmäßig am Hof aufführen und die von seinem Großvater aufgebaute Gemäldesammlung immer weiter vergrößern. Das Stadtschloss wurde während seiner Regentschaft eingreifend umgebaut und modernisiert. Ein Ende der Periode als prunkvolle Residenzstadt kam für Düsseldorf mit dem Tod Jan Wellems 1716. Er wurde im Mausoleum in der Barockkirche Sankt Andreas in der Alt-

stadt begraben und sein Reiterstandbild, das er noch zu seinen Lebzeiten an den Bildhauer Grupello in Auftrag gegeben hatte, steht auf dem Marktplatz vor dem historischen Rathaus. Knapp 80 Jahre nach dem Tod des Kurfürsten standen in Folge des Ersten Koalitionskrieges die Franzosen vor den Stadttoren, die vom linken Rheinufer aus die Stadt unter schweren Beschuss nahmen. Die französischen Kanonenkugeln richteten verheerende Schäden in der Stadt an. Unter anderem brannte das Schloss fast zur Gänze ab. Ende des 18. Jahrhunderts drangen die Franzosen immer mehr ins rechtsrheinische Gebiet vor, was schließlich zur Kapitulation der Stadt führte. Mit der Unterzeichnung des Friedensvertrages von Lunéville 1801 wurden Teile des rechten Rheinufers und somit auch Düsseldorf von den französischen Besatzern freigegeben, die sich fortan ans gegenüberliegende Ufer zurückzogen. Nun begann für Düsseldorf ein langer Weg des Wiederaufbaus und der Umstrukturierung. Gleichzeitig zogen sich die Franzosen immer weiter zurück und 1813 übernahmen die Preußen das Zepter über die Stadt. Zwei Jahre später, im Juni 1815 wurde das gesamte Rheinland und somit auch Düsseldorf fester Bestandteil des Königreiches Preußen.

Wirtschaftliche Talfahrt und neue Impulse

Die preußische Regentschaft brachte kaum positive Impulse, im Gegenteil: Mit Beginn des Machtwechsels begann eine schwere Zeit für die Stadt mit vielen politischen Veränderungen, Kriegen und Missernten, die letztendlich zu Hungersnot und Geldmangel in der Stadtkasse führten. Erst ab 1830 verbesserte sich die wirtschaftliche Situation der Stadt allmählich. Impulse kamen vor allem mit der Gründung einer Dampfschifffahrtsgesellschaft für den Rhein 1836, einer Gewerbeausstellung 1837, der Inbetriebnahme der Eisenbahnstrecke nach Erkrath 1838 und dem Bau einer Brücke zwischen der Altstadt und dem linken Rheinufer. 1852 wurde eine große Gewerbeausstellung abgehalten, um der Stadt weiteren wirtschaftlichen Aufschwung zu geben. Rund 750 Gewerbetreibende aus dem heutigen Rheinland und dem westfälischen Raum stellten ihre Produkte und Serviceleistungen zur Schau. Die Ausstellung war ein enormer Erfolg und legte für Düsseldorf den Grundstein als zukünftige Messestadt. Auch das kulturelle Leben nahm zunehmend wieder Fahrt auf.

Industrialisierung und Expansion

Mitte des 19. Jahrhunderts begann man mit der Verwendung von Stadtgas, das ab 1866 in einem eigens errichteten Werk erzeugt wurde.

Die Industrialisierung hatte nun auch Düsseldorf erreicht. Neben der bereits vorhandenen Textilindustrie siedelten sich im Umland immer mehr Metall verarbeitende Firmen an. Mit dem Einzug der Industrialisierung und der wirtschaftlichen Blütezeit ging ein großer Zustrom an Arbeitskräften einher. In den ersten Jahren des 20. Jahrhunderts wuchs Düsseldorf rapide an. Die Anzahl der Einwohner stieg in nur zehn Jahren um fast ein Drittel auf 360 000 an. 1913 lebten in der Stadt bereits weit über 400 000 Menschen, für die viel Platz und eine gute Infrastruktur benötigt wurde. Eingemeindung der angrenzenden Orte war eine der Lösungen, damit stieg aber gleichzeitig auch die Einwohnerzahl weiter an. Durch die Ausbreitung in alle Himmelsrichtungen vergrößerte sich das Stadtgebiet auf das Doppelte seiner Fläche und die Einwohnerzahl kletterte auf rund 460 000. Heute leben rund 630 000 Menschen in der Stadt und das Stadtgebiet umfasst zirka 218 Quadratkilometer. 50 Viertel zählt die Stadt, die in 10 Verwaltungsbezirke eingeteilt sind. Die Stadtteile präsentieren sich recht unterschiedlich, mal authentisch und unverfälscht, mal entspannt, mal quirlig.

Noch vor dem Ausbruch des Ersten Weltkrieges wurde die Infrastruktur kräftig ausgebaut und deutlich verbessert. Schulen, Verwaltungsgebäude und Krankenhäuser wurden errichtet, ebenso 21 neue Kirchen, was von einer tiefen religiösen Prägung Düsseldorfs zeugt. Mit dem Ausbruch des Ersten Weltkrieges kam das wirtschaftliche Wachstum abrupt zum Erliegen, wovon sich Düsseldorf auch nach Kriegsende kaum erholte. Die Wirren des Zweiten Weltkrieges legten die Stadt schließlich komplett lahm. Die Bevölkerung halbierte sich und durch die zerstörten Rheinbrücken, die wie Klammern die Stadtteile an beiden Uferregionen zusammenhielten, entstand ein tiefer Riss im Stadtgefüge. Mehr als die Hälfte der Häuser war durch heftige Bombardierungen zerstört. Am Ende des Zweiten Weltkrieges lag Düsseldorf in Schutt und Asche. Diese Trümmerwüste besetzten nach Kriegsende 1945 zunächst amerikanische Soldaten. Durch die Einteilung Deutschlands in verschiedene Besatzungszonen kam Düsseldorf schließlich unter britische Verwaltung. Bereits ein Jahr später gründeten die Briten das Land Nordrhein-Westfalen, basie-

Bewegen sie sich oder stehen sie still? Diese Frage wirft unweigerlich der Blick auf die geschwungenen, mit glänzenden Fassaden versehenen Büro-gebäude Neuer Zollhof des amerikanischen Star-architekten Frank O. Gehry im Medienhafen auf. Sie ähneln seinem Entwurf „tanzendes Haus" in Prag.

rend auf der Fläche des Freistaates Preußen. Düsseldorf wurde zur Hauptstadt des neuen Bundeslandes erkoren. 1947 fand die erste Messe nach dem Zweiten Weltkrieg statt. Ab 1950 begann mit einem Masterplan der Wiederaufbau. Der Plan sollte die Stadt entscheidend verändern und stand unter dem Motto „Autogerechte Stadt", wonach Straßen rigoros verbreitert wurden. Auch den Wiederaufbau der zerstörten Wohnhäuser und Verwaltungseinrichtungen packte man groß an und Mitte der 1950er-Jahre schossen die ersten Hochhäuser aus dem Boden.

Beständiger Wandel

In den 1960er- und 1970er-Jahren war Düsseldorf stark in Bewegung, veränderte ständig sein Aussehen und entwickelte sich zu einer Verwaltungsstadt und zu einem bedeutenden Industriestandort am rechten Rheinufer. 1965 erhält Düsseldorf den Titel Universitätsstadt, zwei Jahre später fährt die erste Schnellbahn nach Ratingen und 1969 überspannt die Rheinkniebrücke beim heutigen Medienhafen den Fluss. 1970 öffnet das Schauspielhaus seine Türen, ein Jahr später das neue Ausstellungsgelände der Düsseldorfer Messe. 1975 nimmt die Tonhalle bei der Oberkasseler Brücke den Betrieb auf und in den Folgejahren bis zur Jahrtausendwende wird die städtische Expansion mit großen Schritten weiter vorangetrieben. Ab den 1980er-Jahren verändern Großprojekte die Stadt wesentlich: Der Rheinturm sprießt aus dem Boden, die erste U-Bahn pendelt durch das Zentrum, die Kunstsammlung Nordrhein-Westfalen öffnet ihre Pforten und die Landesregierung von NRW zieht in den neuen Landtag am Fuße des Rheinturms ein. Der Aquazoo im Nordpark wird zur neuen Attraktion und mit der Umwidmung und Umgestaltung des alten Wirtschaftshafens in den Medienhafen wird ein modernes Ausgeh-, Büro- und Geschäftsviertel kreiert. Die fertiggestellte Rheinuferpromenade wird immer mehr zur Flanier- und Festmeile der Stadt. 2000 eröffnet die neue Messehalle nahe des Flughafens. Die Düsseldorfer Messe ist nach der von Hannover, Frankfurt und Köln die viertgrößte Messe in Deutschland, auf der weltweiten Rangliste steht sie an achter Stelle. Der Messe folgt die Eröffnung des Kunstpalastes und des Ständehauses K21. Ab 2010 wird die Modernisierung

in vielen Teilen der Stadt gleichzeitig vorangetrieben. Die U-Bahnstrecke Wehrhahn-Linie und der Kö-Bogen I sind die bedeutendsten Bauwerke daraus. Düsseldorf ist erwachsen geworden und zur modernen Großstadt avanciert. Heute gehört die Rheinmetropole zu den fünf wichtigsten Wirtschaftszentren Deutschlands.

Kunst, Musik und Theater

Auch im Kunstbereich nimmt Düsseldorf einen wichtigen Platz ein. Rund 30 Museen, zahlreiche Galerien und Sammlungen genießen national und international einen guten Ruf und haben in den letzten Jahrzehnten die Stadt zu einem Zentrum zeitgenössischer Kunst gemacht. Hervorzuheben sind vor allem die Kunsthalle am Grabbeplatz, der Kunstpalast im Ehrenhof und die drei Standorte der Kunstsammlung Nordrhein-Westfalen: das K20 am Grabbeplatz, das K21 im Ständehaus am Schwanenspiegel und das Schmela-Haus in der Mutter-Ey-Straße. Und in den Betonröhren zwischen den beiden Rheinufer-Autotunneln, unterhalb der Rheinuferpromenade, schuf man mit dem Ausstellungsraum KIT – Kunst im Tunnel einen außergewöhnlichen Treffpunkt für zeitgenössische Kunst.

Vieles, was die Kunst betrifft, hat Düsseldorf dem großzügigen Kurfürsten Jan Wellem zu verdanken. Er und seine italienische Frau hatten eine ausgeprägte Neigung zur Kunst, förderten Künstler, ließen die Oper bauen, sammelten Gemälde und Skulpturen und gründeten eine Zeichenschule, aus der die heutige Kunstakademie hervorging. Sie besitzt sowohl national als auch international großes Ansehen. Viele renommierte Künstler Deutschlands haben von hier aus die Welt erobert. Einige Namen, die in Verbindung mit der Akademie stehen, sind Joseph Beuys, Gerhard Richter und Jörg Immendorff sowie die Bildhauer Heinz Mack und Otto Piene, die 1957 die Künstlergruppe Zero ins Leben riefen.

Im Theaterbereich spielten Gustav Lindemann und seine Frau Louise Dumont eine wichtige Rolle. Sie begannen die erste Theaterschule mit angeschlossener Bühne in der Stadt und versuchten gleichzeitig die deutsche Theaterszene umzugestalten. Auch das Ehepaar Kay und Lore Lorentz betrat in Düsseldorf „die Bretter, die die Welt bedeuten". Sie gründeten trotz fehlender Erfahrung das noch heute beliebte Theater Kom(m)ödchen. Während seine Frau auf der Bühne auftrat, arbeitete er im Hintergrund als Textautor. Zu Vertretern der schreibenden Zunft, die mit der Stadt in Verbindung gebracht werden, sollten Johann Wolfgang von Goethe und Günter Grass nicht unerwähnt bleiben, die die Stadt regelmäßig besuchten. Der wohl berühmteste Sohn der

Abseits vom Trubel in der Altstadt und bei Touristen weniger bekannt ist der Biergarten Rheinterrasse mit Liegestühlen und Liegebetten unter schattigen Bäumen. Hier kommen Urlaubsgefühle auf, die sonst eher südlichere Gefilde hervorrufen.

Stadt und einer der bedeutendsten deutschen Schriftsteller ist allerdings Heinrich Heine, der in Düsseldorf 1797 als Harry Heine das Licht der Welt erblickte und sich später in Heinrich umtaufen ließ. Sein berühmter Ausspruch „dort wo man Bücher verbrennt, verbrennt man auch Menschen" gab schon eine Vorahnung auf das, was später im Deutschen Reich Wirklichkeit werden sollte. Das Heinrich-Heine-Museum informiert mit vielen Ausstellungsstücken über das Leben und Schaffen des Schriftstellers.

Im Musikbereich kommt vor allem der Name Kraftwerk nach vorne, ein Name, bei dem die meisten nicht sofort an eine Band denken würden. Die Musiker von Kraftwerk galten in den 1980er-Jahren als die Pioniere der Elektromusik und eroberten von der Rheinmetropole aus die Welt. Punkmusik verbreitete die Band „Die Toten Hosen", die im Ratinger Hof vor etwa 30 Jahren zum ersten Mal ein Konzert gaben und mittlerweile Kultstatus erreicht haben. Der Ratinger Hof war damals für viele das Sprungbrett für eine nationale und internationale Karriere. In den ehrwürdigen Mauern hat sich heute der Musik- und Nachtclub Stone etabliert, zwar ein neuer Name, aber immer noch das Podium für viele Musiker aus Düsseldorf.

Gerade dieser Mix aus Kunst und Kultur, aus Tradition und Moderne, aus rheinischer Gelassenheit und Weltoffenheit macht Düsseldorf zu einer attraktiven und interessanten Stadt, für die man sich wirklich Zeit nehmen sollte.

Seite 22/23:
Der Rheinturm mit dem Jachthafen und den Gehry-Bürohäusern rechts davon sind wohl die meistfotografierten Gebäude Düsseldorfs. Von der Brücke im Medienhafen aus hat man alles gleichzeitig vor der Linse, inklusive der Rheinkniebrücke links vom Turm.

Seite 24/25:
Auf der obersten Etage des Ständehauses K21 lässt sich gut die Symbiose zwischen alter und moderner Architektur erkennen. Mit dem Lift geht es hoch und oben kann man unterhalb der hypermodernen Glaskuppel einmal um den lichtdurchfluteten Innenhof herumgehen.

Zwischen Rhein und Kö –
Düsseldorfs lebhaftes Zentrum

Spektakulär ist der Blick aus der Vogelperspektive auf die Altstadt und die Rheinuferpromenade im historischen Zentrum. Die Aussichtsplattform des Rheinturms macht dies möglich.

Klein aber fein, so kann man die etwa einen halben Quadratkilometer große Altstadt von Düsseldorf kurz umschreiben. Renovierte Bürgerhäuser, interessante Museen und Kirchen, urige Kneipen und traditionelle Hausbrauereien säumen die reizvollen Altstadtgassen. Der mittelalterliche Burgplatz ist das pulsierende Herz. Auf ihm und an der Rheinuferpromenade werden die meisten Stadtfeste abgehalten, ebenso wie auf dem naheliegenden, im 14. Jahrhundert angelegten Marktplatz mit dem Reiterstandbild des Kurfürsten Jan Wellem vor dem historischen Rathaus. Im Norden wird der Burgplatz von der mit schönen Deckengemälden versehenen Josephskapelle und der gotischen Kirche Sankt Lambertus begrenzt. Ihr schiefer Turm gibt so manchem Betrachter Rätsel auf. Blickfang am Burgplatz ist allerdings der 33 Meter hohe Schlossturm, das einzige noch erhaltene Bauwerk des ehemaligen Stadtschlosses aus dem 13. Jahrhundert. An seinem Fuß führt die Schlossstiege zum Rhein und zu den Terrassencafés hinunter. Täglich am späten Nachmittag strömt die breite Treppe voll mit Menschen, die den Feierabend ausklingen lassen oder einfach nur den Sonnenuntergang genießen möchten.
Im Süden wird die Altstadt von der kleinen Carlstadt begrenzt, geprägt von exquisiten Galerien, Antiquitätenläden und schönen Patrizierhäusern wie das Palais Wittgenstein, das heutige Stadtmuseum oder das Heinrich-Heine-Haus. In den Hinterhöfen haben sich kleine Ateliers kreativer Geister etabliert. Teils kopfsteingepflasterte Straßen durchziehen das Viertel. Sie führen gen Osten direkt in den Stadtteil Mitte, wo die elegante Königsallee und die quirlige Schadowstraße das Einkaufsviertel Düsseldorfs schlechthin bilden. Der Wochenmarkt mit Imbissen am Carlsplatz ist der Treffpunkt in der Stadtmitte.

Seite 28/29:
Mehrmals im Jahr werden
die markantesten Gebäude
der Altstadt wie die Kirche
Sankt Lambertus und der

Schlossturm vom hell
erleuchteten Riesenrad
flankiert. Das will heißen,
es gibt wieder ein großes
Fest im Herzen der Stadt.

Links:
Warten auf den Sonnenuntergang. Der wohl beliebteste Platz in Düsseldorf hierfür ist die breite Freitreppe am Burgplatz, von der aus sich ein schöner Panoramablick bis hinunter zum Rheinturm und der Rheinkniebrücke bietet.

Unten:
Die Pegeluhr an der Rheinuferpromenade zeigt keine Uhrzeit an, auch wenn es auf den ersten Blick danach aussieht. Der kleine Zeiger zeigt die Meter, der große Zeiger die Zentimeter des aktuellen Wasserstandes im Rhein an.

Ganz unten:
Noch nicht lange sieht der barrierefreie Aufgang vom Rheinufer zum Burgplatz so aus: er wurde 2017 grundlegend renoviert und neu gestaltet. Dabei wurde die Kaimauer mit einem Mosaik aus bunten Fliesen versehen.

Rechts:
Der Rheinpark bei der Rheinkniebrücke ist während eines Düsseldorfer Stadtfestes Tagescamping, Liegewiese, Picknickplatz, Treffpunkt und Bühne für junge Musiker und Künstler gleichermaßen.

Unten:
Die Ausflugsschiffe der „Weissen Flotte" legen vom Rheinufer in der Altstadt mehrmals täglich ab und fahren stromaufwärts bis nach Köln, stromabwärts bis nach Duisburg. Beide Städte sind etwa 30 Kilometer von Düsseldorf entfernt.

Oben:
Ein Rad schlagen galt früher als Form der Unterhaltung auf der Straße, wofür die meist jungen Darsteller auch Geld von den Umstehenden einsammelten. Dieser alten Tradition wurde mit dem 1954 von Alfred Zschorsch geschaffenen Radschlägerbrunnen am Burgplatz ein Denkmal gewidmet.

Links:
Das Stadterhebungsmonument am Rande des Burgplatzes wurde 1988 im Zuge der 700-Jahr-Feier der Verleihung der Stadtrechte an Düsseldorf feierlich enthüllt und zeigt neben einer Szene zur Beglaubigung der Stadturkunde auch Motive aus der Einweihung der Kirche Sankt Lambertus und der Schlacht von Worringen.

In den Düsseldorfer Alt-
stadtgassen herrscht fast
rund um die Uhr buntes
Treiben, egal zu welcher
Jahreszeit. Viele Cafés,
Restaurants und Haus-
brauereien haben vor ihren
Türen (Steh-)Tische, Bänke
und Stühle für ihre Gäste
bereitgestellt. Im Sommer
gibt es dazu Sonnen-
schirme, im Winter machen
sie Platz für Heizpilze.

Beliebte Aktivität in der Altstadt: man schlendert durch die Gassen, lässt das Treiben auf sich wirken oder sitzt gemütlich vor der Brauerei und genießt Altbier und Bodenständiges. Und sollte das Wetter einmal nicht mitspielen, wechselt man ganz einfach hinein, wo es nicht weniger gemütlich zugeht. Eine der angesagtesten und ältesten Hausbrauereien ist das Füchschen in der Ratinger Straße, eine der Ausgangsmeilen in der Altstadt.

ALTBIER, ÄHZEZUPP UND HALVE HAHN – KULINARISCHES ABC

Eine Stadt kann man nicht nur zu Fuß erleben, sondern auch durch den Magen. Doch nicht alles, was auf der Speisekarte steht, ist für Außenstehende sofort deutlich. Ähzezupp, Halve Hahn, Bierhappen, Röggelchen, Pärken – alles Namen, mit denen der kulinarische Laie kaum etwas anfangen kann und sie verweisen auch nicht gleich auf das, was auf dem Teller serviert wird. Hinter dem Namen Ähzezupp verbirgt sich eine dicke, bodenständige Erbsensuppe, die mit Speck, Wurst oder Eisbein auf den Tisch kommt. Der Halve Hahn ist nicht das, was sein Name zunächst verspricht, denn er ist weder ein gebackenes, gebratenes noch gegrilltes Hähnchen oder Huhn. Beim Halven Hahn handelt es sich um einen herzhaften, stark riechenden Käse, der oft mit Kümmel durchsetzt ist und mit Senf gegessen wird. In Düsseldorf ist dabei von Mostert die Rede, der als dunkler, sehr scharfer Senf über die Theke wandert. Mittlerweile gibt es ihn in unterschiedlichen Geschmacksrichtungen. Die Düsseldorfer Kombination schlechthin ist Senf mit Altbiergeschmack.

Einfach gut: Pärken und Bierhappen

Pärken sind zwei einfache Bockwürste in einem Weißbrötchen, serviert mit Senf, oder man isst zu den Würsten ein knuspriges Roggenbrötchen, vor Ort liebevoll Röggelchen genannt. Und mit Bierhappen werden keine kulinarischen Häppchen serviert, sondern einfache, belegte Brötchen, die traditionell zum Altbier verzehrt werden. Belegt werden sie mit feiner Leberwurst, herzhafter Mettwurst (kurz Mett) oder grober Blutwurst (Flöns) und scharfen Zwiebelringen (Ölks). Das dazu konsumierte

Bier ist für viele zunächst gewöhnungsbedürftig, wie sein Name: Altbier. Diese Düsseldorfer Errungenschaft ist allerdings kein Gerstensaft, der schon lange Zeit herumsteht, sondern ein obergäriges Bier. An seinen würzigen Geschmack und seine dunkle Farbe muss man sich erst herantasten, aber nach ein paar Gläschen ist der Bann häufig gebrochen. Darüber hinaus soll das Altbier, so schwören Einheimische, auch noch gut für die Nierenfunktion sein, was aber auch anderen Biersorten nachgesagt wird.

Bier und Bierhappen genießt man am besten in einer der kleinen Hausbrauereien in der Altstadt oder bei Schönwetter im schattigen Biergarten. In den oft rustikalen Brauereien, urigen Kneipen und luftigen Biergärten treffen sich übrigens Menschen aller Schichten, oft nach Feierabend, und die Köbesse – so nennt man die Kellner in Düsseldorf – sind zuvorkommend, aber häufig etwas rau in den Umgangsformen. Altbier muss eigentlich nie nachbestellt werden: Ist das Glas leer, kommt der Kellner schon wieder mit einem vollen Glas vorbei.

Und was kommt zu Hause regelmäßig auf den Tisch? Reibekuchen (Rievekoch), ein würziger Kartoffelpuffer mit Apfelmus, der auch in den Hausbrauereien meistens am Freitag angeboten wird. Und Sauerbraten, ein zarter Rinderbraten, der einige Zeit in einer Beize aus Essig, Lorbeerblättern und Pfefferkörnern ruht, bevor er in der Pfanne brutzelt. Sein Fleisch ist fasrig, die säuerliche Soße wird mit Rosinen verfeinert. Dazu isst man Rotkraut und Kartoffelklöße. Auch gepökeltes Eisbein (Hämmche) kommt häufig auf den Tisch. Als Beilage gibt es Sauerkraut und gekochte oder pürierte Kartoffeln. Ein Mix aus gekochten Kartoffeln und Äpfeln mit gebratener Blutwurst gibt es in den Haushalten unter dem Namen Himmel un Äd.

Für alle, denen die gutbürgerliche Küche der Rheinmetropole nicht mundet, hat die Stadt auch etwas anderes zu bieten. Das liegt vor allem an den vielen Nationalitäten, die in Düsseldorf leben. Die große japanische Gemeinschaft brachte hervorragende Restaurants mit, die in und um die Immermannstraße zu finden sind. Chinesische, italienische, türkische und griechische Spezialitäten findet man eigentlich in allen Stadtteilen, ebenso wie einfachere Lokale und Imbissbuden mit Döner, Curry- und Bockwurst. Ein beliebter kulinarischer Hotspot für Jung und Alt, für Vegetarier oder Fleischesser, für Bier- oder Weinliebhaber ist der Wochenmarkt am Carlsplatz. Auch wenn man keinen Hunger hat, sollte man sich die Atmosphäre auf dem Markt nicht entgehen lassen.

Kleine Bilder rechts, von oben nach unten: Imbissbuden nehmen immer lustigere Formen an, um auf sich aufmerksam zu machen und um sich von der Konkurrenz hervorzuheben. Auch beim Angebot gibt es eine große Vielfalt.

Der Senfladen mit kleinem Museum in der Berger Straße sollte bei einem Stadtrundgang nicht ausgelassen werden. Gucken, riechen, kosten – Senf gibt es hier in vielen Variationen. Nicht alles wird munden, aber sicher die Geschmacksnerven kitzeln.

Zwischendurch ein frisch gebackener Reibekuchen (Rievekoch) vom Straßenstand lindert vorerst den Hunger und bildet gleichzeitig eine gute Unterlage für eventuellen Alkoholgenuss.

Ähzezupp – der Name macht nicht gerade Appetit auf die dicke Erbsensuppe, sie ist aber äußerst schmack- und nahrhaft und zudem wärmt sie an kalten Wintertagen. Ähzezupp gibt es in vielen Hausbrauereien.

Unten:
Während der Nacht der Museen hat auch das historische Rathaus am Marktplatz seine Türen für Neugierige geöffnet. Der Rundgang wird übrigens mit fachkundiger Führung begleitet.

Ganz unten:
Bei der Besichtigung des Rathauses stößt man auch auf die modernere Architektur des neuen Rathauses, hier das stattliche Treppenhaus. Das neue Amtsgebäude wurde im rechten Winkel an das alte angebaut, um mehr Platz für die Beamten zu kreieren.

Rechts:
Wer ist nun der Blickfang auf dem Marktplatz? Das alte Rathaus mit seiner Renaissancefassade oder die Reiterstatue von Johann Wilhelm, jenem Kurfürsten, dem die Stadt vieles zu verdanken hat, vor allem im Kunstbereich?

Als Karnevalshochburg im Rheinland kann Düsseldorf auf eine sehr lange Tradition zurückblicken. Jedes Jahr am 11.11. um Punkt 11.11 Uhr wird am Marktplatz der Startschuss für die Karnevalssaison gegeben. Jecken in Uniformen ziehen dann geschlossen zum Platz, wo zum besagten Zeitpunkt aus einem überdimensionalen Senffass der Hoppeditz herausspringt und im Beisein der Jecken, des Bürgermeisters und anderen Vertretern aus der Politik in einer langen Rede Missstände beim Namen nennt und dabei seinem Unmut freien Lauf lässt, unter großem Beifall der Jecken.

Wer außerhalb der Karnevalssaison unterwegs ist, aber doch etwas vom närrischen Treiben sehen möchte, dem bietet das Haus des Karnevals in der Zollstraße einen guten Einblick ins närrische Treiben der letzten Jahrzehnte. In einem Saal wurde der „Medaillen-Himmel" eingerichtet, in einem anderen Raum stehen die kreativsten Kostüme aus der Geschichte des Karnevals. Und mit fachkundiger Führung werden denn auch viele Anekdoten zu den Ausstellungsstücken erzählt.

Seite 46/47:
Die Marktstraße gilt als eine der schönsten Altstadtgassen Düsseldorfs, nicht zuletzt wegen der gepflegten Bürgerhäuser.

Die japanische Gemeinschaft Düsseldorfs, die seit über fünfzig Jahren kaum mehr aus dem Stadtbild wegzudenken ist, veranstaltet jedes Jahr im Mai ihren traditionellen Japan-Tag. Die weit über 6500 Japaner zählende Gemeinde möchte an diesem Tag ihre Kultur den Besuchern näherbringen. Kleine Stände säumen dann die Rheinuferpromenade von der Rheinkniebrücke bis zur Josephskapelle an denen viel Traditionelles aus Japan vorgestellt und auch zum Verkauf angeboten wird. Auf einer Bühne am Burgplatz werden Konzerte und Tänze aus dem „Land des Lächelns" aufgeführt.

Jedes Jahr im September verwandelt sich der Marktplatz in ein kleines Chinatown mit einer Bühne vor dem alten Rathaus, auf der Lieder, Tänze und Opern aus dem Reich der Mitte vorgetragen werden. An vielen Ständen werden die Besucher in die Bedeutung der chinesischen Schriftzeichen eingeweiht, wird die traditionelle Teezeremonie erklärt und werden aus der chinesischen Küche bekannte und weniger bekannte Leckereien in einfachen Küchen gezaubert.

49

Unten:

Der Innenraum der katholischen Maximiliankirche in der Schulstraße, im Alltag oft nur kurz Maxkirche genannt, befindet sich weitgehend im ursprünglichen Zustand. Das Chorgestühl stammt aus dem 17. Jahrhundert, die restliche Einrichtung wie die Kanzel, Beichtstühle und Heiligenfiguren datiert aus etwa der Mitte des 18. Jahrhunderts.

Ganz unten:

Die aus dem frühen Barock stammende Neanderkirche wurde ab 1683 in vierjähriger Bauzeit errichtet und ist der größte Kirchenbau der evangelisch-reformierten Kirchengemeinde der Stadt. Auffallend ist die einfache Turmfassade an der Bolkerstraße. Im schlichten Inneren dominieren Emporen. Sehenswert ist die barocke Uhr.

Rechts:

Hinter der gelben Fassade der Andreaskirche verbirgt sich ein barockes Juwel. Stuckarbeiten aus dem Früh- und Spätbarock an der Decke des Langhauses und in den Seitenschiffen dominieren die Innenausstattung und sind von hoher Qualität. Im Mausoleum beim Hochaltar liegt unter anderem Kurfürst Johann Wilhelm von der Pfalz begraben.

51

Oben:
Am alten Hafen sind kaum noch historische Spuren erkennbar. Moderne Gebäude säumen das Hafenbecken, an den Kaden breiten sich Terrassencafés und Restaurants aus, die zum Verweilen einladen.

Rechts:
Für Filmliebhaber ein Muss: das Filmmuseum an der Südseite des alten Hafens. Auf mehreren Etagen wird mit vielen Ausstellungsstücken durch die Welt des Zelluloids geführt, vom amerikanischen Hollywood über das indische Bollywood bis hin zu den deutschen Filmstudios in Potsdam.

Oben:
Mit dem Bau des Rhein-uferturnnels unterhalb der Uferpromenade wurde das Becken des alten Hafens vollständig vom Fluss getrennt und damit ein natürlicher Zu- und Abfluss verbaut. Der Kahn im Becken dient lediglich als Dekoration, soll aber die einstige Funktion unterstreichen.

Links:
Die Mahn- und Gedenk-stätte in der Mühlenstraße erinnert mit einer überaus beeindruckenden Dauer-ausstellung in mehreren Räumen der Opfer des Nationalsozialismus und ist neben Museum auch Archiv und Forschungs-stätte zugleich.

Seite 54/55:
Dieser Blick aus der Vogelperspektive auf die Düsseldorfer Carlstadt bietet sich
vom Mannesmann-Turm
aus, der heute vom Minis-
terium für Wirtschaft,
Energie und Industrie des
Landes Nordrhein-West-
falen genutzt wird und der
Öffentlichkeit nur bedingt
zugänglich ist.

Eine lange Tradition hat
der Wochenmarkt am
Carlsplatz, der wochen-
tags von 8 bis 18 Uhr,
an Samstagen bis 16 Uhr
geöffnet ist. Hier gibt es
täglich frische Lebens-
mittel direkt vom Hersteller.
Das Angebot ist sehr varia-
tionsreich und reicht von
Gemüse über Obst, Fisch
und Fleisch bis hin zu
Schnittblumen und Haus-
haltsgegenständen. Kleine
Stehimbisse und Terras-
sencafés in und um den
Markt ergänzen das Ange-
bot und sind wegen ihrer
Atmosphäre auch für Nicht-
einkäufer beliebter
Treffpunkt in der Stadt.

Rechts:
Hinter dieser wunderschönen Fassade eines Bürgerhauses in der Citadellstraße werden im schönen Heinrich Heine Antiquariat seit den 1990er-Jahren neue, alte und signierte Bücher verkauft.

Unten:
Die gepflasterte Schulstraße zählt zu den schönsten Gassen in der Carlstadt und verbindet die Rheinuferpromenade mit der Ausgehzone um die Hafenstraße in der Altstadt.

Oben:
Die Citadellstraße bildet zusammen mit der Bäcker- und der Orangeriestraße das wohl romantischste Fleckchen der Carlstadt. Vor allem am Abend zaubern die Straßenlaternen mit ihrem Licht eine besondere Stimmung auf die Fassaden und das Kopfsteinpflaster der Gassen.

Links:
Im Innenhof des Patrizierhauses in der Bilker Straße blickt von der Fassade im ersten Stock die Statue des Schriftstellers Heinrich Heine herab. Hier ist das Heinrich-Heine-Institut untergebracht, das sich unter anderem mit der Erforschung des Lebens und des Werks des Schriftstellers Heinrich Heine beschäftigt.

59

In den Hinterhöfen der Carlstadt haben sich viele kreative Geister etabliert. Wenn die Tore in den Einfahrten geöffnet sind, dann zögern Sie nicht einen Blick in einen oft begrünten Innenhof und selbstverständlich auch in ein Atelier zu werfen.

Oben:
Der Park mit kleinem Rosengarten im ehemaligen Stadtpalais Spee ist eine kleine Oase der Ruhe im Alltagstrubel der Großstadt. Eine Mauer umgibt übrigens den Park, der nur von der Bäckerstraße aus zugänglich ist.

Links:
200 Jahre alte Platanen und viel Wasser machen den Reiz des Spee'schen Grabens aus, der an den Park des Stadtpalais Spee lückenlos anschließt. Die Parkanlage wurde von Maximilian Friedrich Weyhe geplant, der Wassergraben wurde ursprünglich als Schutz der Stadt angelegt.

Oben:
In den 1960er-Jahren erhielt der Architekt Bernhard Pfau von der Stadt den Auftrag zum Bau eines Sprechtheaters, das heutige Schauspielhaus, das wegen seiner Formen der organischen Architektur zugeordnet wird. Es beherbergt zwei Bühnen und ist das einzige Staatstheater von Nordrhein-Westfalen.

Rechts:
Die umfangreiche Sammlung des Stadtmuseums, bestehend unter anderem aus archäologischen Funden, Grafiken, Gemälden und Skulpturen, reicht von der Steinzeit bis in die Gegenwart. Ein absolutes Muss für Interessierte an der Stadtgeschichte.

Oben:
Das K20 am Grabbeplatz ist die Basis der Kunstsammlung des Landes Nordrhein-Westfalen und ist in zwei große Abteilungen gegliedert: die Kunstrichtungen vor 1945 und jene nach Ende des Zweiten Weltkrieges, dazwischen Werke von den Großen wie Paul Klee und Pablo Picasso oder dem Fotokünstler-Ehepaar Becher.

Links:
Der zweigeschossige Backsteinbau wurde von den Grafen von Spee zu Beginn des 19. Jahrhunderts gekauft und ansehnlich erweitert. 1945 erwarb die Stadt das Palais, baute einen modernen Flügel an und brachte das Stadtmuseum hier unter.

Als Ersatz für die zerstörten Festungsmauern wurde von 1802 bis 1804 von den Baumeistern Anton Huschberger, Friedrich Weyhe und Gottlieb Bauer ein circa ein Kilometer langer, fünf Meter tiefer und dreißig Meter breiter Wassergraben angelegt, der vom Tritonenbrunnen gespeist wird. Der Graben hatte zunächst verschiedene Namen: Neue Allee, Mittelallee und später Kastanien-Allee wegen des Baumbestandes. Der heutige Name war eine Konsequenz des Attentats auf König Friedrich Wilhelm IV., der hier 1848 bei seinem Besuch mit Pferdeäpfeln beworfen wurde. Um das Königshaus wieder gnädig zu stimmen, wurde drei Jahre später der Graben in Königsallee umbenannt.

Seite 64/65:

Er ist zweifelsfrei eines der schönsten Bauwerke der Gegenwart in der Stadt: der geschwungene Kö-Bogen I am Ende der Königsallee, der nach einem Entwurf des Stararchitekten Daniel Libeskind mit viel Marmor und Glas gebaut wurde. Am Kö-Bogen II wird in der Nähe bereits gearbeitet.

Links:

Damit man bei der Einkaufstour die Zeit nicht ganz aus den Augen verliert, steht am nördlichen Ende der Königsallee eine intakte, historische Standuhr, die im Volksmund liebevoll „Grüne Mathilde" oder „Schlanke Else" genannt wird.

Unten:

Aus dem Tritonenbrunnen, der sein Wasser aus der Düssel bezieht, sprudelt nur noch in den Sommermonaten Wasser. Trotzdem ist der Brunnen sehenswert und vor allem bei asiatischen Touristen immer ein beliebtes Motiv für ihre Selfies.

MODESTADT DÜSSELDORF –
SHOP TILL YOU DROP

„Einkaufen bis zum Umfallen" ist ein Motto, das auf Düsseldorf sicher zutreffen kann, denn die Stadt hat vor allem in Sachen Mode und Beauty viel zu bieten. Da kann das Angebot eine Einkaufstour schon zur Qual der Wahl werden lassen. In Düsseldorf wird seit langem Mode kreiert, werden Trends geschaffen und die Rheinmetropole zählt mittlerweile zu den führenden Modestädten Europas. Mehrere Fachmessen tragen zu dieser Führungsrolle maßgeblich bei. Internationale Labels wie Gucci, Prada, Dior, Vuitton und Chanel haben sich hier niedergelassen. Ihre Vertriebszentralen, Studios und Ausstellungsräume befinden sich meist im Medienhafen, während die Geschäfte der renommierten Marken an der eleganten Königsallee, liebevoll Kö genannt, in den schmalen Seitenstraßen und der quirligen Schadowstraße ihre Türen öffnen.

Wer es sich leisten kann, der kauft in den exquisiten Läden an der Kö ein. Auf einer Länge von einem Kilometer reiht sich ein Luxusgeschäft an das andere, dazwischen große, über mehrere Etagen verteilte Shoppingmalls, die kaum Wünsche offenlassen. Auch die feinen Boutiquen im historischen Zentrum erfüllen weitgehend die Ansprüche der betuchten Klientel. Die Kö ist aber auch ein Boulevard der Eitelkeiten. Sehen und gesehen werden gehört hier ebenfalls zum Alltag, wie shoppen. Promis, alter Adel und Neureiche zeigen denn auch gerne ihren Besitz, was sich meistens in ihrer Designerkleidung und ihren fahrbaren Untersätzen äußert. Für weniger gefüllte Portmonees haben sich in der Schadowstraße und in ihrer Umgebung große Kaufhäuser mit preisgünstigeren Sachen etabliert. C&A, H&M, Peek & Cloppenburg oder Galeria Kaufhof haben für jeden Geschmack und jeden Geldbeutel das richtige Outfit.

Schöner Shoppen

Am Nordende der Königsallee, gegenüber dem Hofgarten, entstand mit dem Kö-Bogen I ein neuer Hotspot für internationale Modelabels, der schon wegen seiner Bauweise einen Besuch lohnt. Kurz davor, an der Ecke Schadowstraße/Blumenstraße steht das Einkaufszentrum Schadow-Arkaden, das sich mit einer schönen Fassade und einer sternförmigen Architektur nicht nur vom Einheitsstil der großen Shoppingmalls abhebt, sondern auch mit einem sehr vielfältigen Angebot in rund fünfzig Geschäften. Architektonisch eine Augenweide ist auch das Innenleben des Stilwerks in der Grünstraße, eine Seitenstraße der Kö. Das Einkaufszentrum

hat einen ovalen Grundriss, fünf Etagen und darüber ein Glasdach für den optimalen Lichteinfall. Das Angebot ist eine gelungene Mischung von gestylten Designerstücken und außergewöhnlichen Einrichtungsgegenständen. Einen exzellenten Mix aus Gastronomie und Geschäften mit Luxusartikeln und internationalen Marken findet man in der Kö-Galerie, wo sich auf drei Etagen rund hundert Geschäfte, Cafés und Restaurants verteilen. Eine Verbindung führt direkt zur nebenan liegenden Shoppingmall Sevens – Home of Saturn, das mit außergewöhnlicher Innenarchitektur und einem ausgewogenen Angebot aus Gastronomie, Mode-, Beauty- und Technikgeschäften aufwarten kann.

15 Gehminuten südlich der Königsallee, auf dem Gelände des ehemaligen Güterbahnhofs Friedrichstraße haben auf drei Etagen die Düsseldorf Arcaden ihren Einzug gehalten. Die Preise sind moderat, das Angebot in den rund 120 Geschäften vielfältig und lässt die Herzen höherschlagen. Wer von der Einkaufstour müde geworden ist, der kann sich in den Fitness- und Wellness-Zentren des Shoppingcenters kurz erholen und wieder fit für den weiteren Einkaufsbummel machen. Aber auch für Außergewöhnliches ist viel Platz. Frisch, frech und sexy zeigen sich die Kreationen junger Designer und Modemacher in den Läden der Stadtteile Flingern, Derendorf, Ober- und Unterbilk. Und wer sich im Dschungel der Modegeschäfte nicht zurechtfindet, der kann einen Personal Shopper engagieren, der in allen Sachen rund um die Mode fachkundig berät, die richtigen Geschäfte auswählt und mitunter sogar die Einkaufstaschen trägt. So kann „Shop till you drop" zum außergewöhnlichen Erlebnis werden.

Links:
Im Stadtmuseum an der Berger Allee befindet sich im Erdgeschoss eine kleine, aber informative und sehenswerte Dauerausstellung, die sich mit der Entwicklung von Düsseldorf zu einer der größten Modemetropolen Europas befasst.

Oben:
Die Geschäfte und ihre Schaufenster an der Königsallee strahlen alle Eleganz und Luxus aus, wie hier die Etalagen eines Schmuck- und Modeherstellers in den Arkaden des WZ Centers bei der Girardetbrücke.

Kleine Bilder rechts, von oben nach unten: Die kleinen Läden und Boutiquen in der Altstadt haben oft ein überraschendes Angebot in den Regalen, das sich deutlich von dem im Einkaufsviertel um die Schadowstraße und Kö-Allee unterscheidet.

Das Shoppingcenter Stilwerk in der Grünstraße, einer Seitenstraße der Königsallee, verbindet Einkaufsspaß mit Gastronomie und architektonischer Harmonie. Schon deshalb lohnt sich der Besuch dieses Einkaufszentrums.

Im Innenhof des Wilhelm-Marx-Hauses, dem sogenannten Stadtbrückchen, hat einer der Großen aus der Modebranche sein Geschäft geöffnet: Hugo Boss. Hier findet der modebewusste Mann alles für sein Outfit.

Was wäre Düsseldorf ohne die Königsallee? Die rund einen Kilometer lange Shopping-Meile ist der Inbegriff für „shop till you drop", auch sind die ausgestellten Luxusmarken in den Schaufenstern nicht für jeden Geldbeutel erschwinglich.

Rechts:
Ein guter Orientierungs-
punkt im Stadtteil Mitte
ist der schlanke Turm der
Johanneskirche. Die Innenausstattung der größten
evangelischen Kirche der
Stadt ist schlicht und
modern und deshalb histo-
risch betrachtet weniger
interessant.

Unten:
Der nach Süden hin offene
Innenhof des Wilhelm-
Marx-Hauses ist besser
unter der Adresse Stadt-
brückchen bekannt und
im Sommer ein sehr stark
frequentierter und beliebter Ort zum Entspannen
bei Kaffee und Kuchen.

Oben:
In den ehrwürdigen Mauern des historischen Stahlhofes in der Bastionstraße ist heute das Verwaltungsgericht Düsseldorf untergebracht, eines der sieben Verwaltungsgerichte des Landes Nordrhein-Westfalen.

Links:
Bei einem Spaziergang in der Königsallee werden die teils schönen, historischen Fassaden oft übersehen, fällt der Blick doch meistens auf die glitzernden Auslagen der Luxusgeschäfte. Also auch mal nach oben gucken!

Oben:
Adventszeit in Düsseldorf bedeutet Weihnachtsmärkte im Zentrum der Stadt, wie hier am Burgplatz, wo neben Glühwein- und Lebkuchenständen das obligatorische Riesenrad nicht fehlen darf.

Rechts:
Auf dem Corneliusplatz am Nordende der Königsallee wird jedes Jahr in der Vorweihnachtszeit eine künstliche Eislauffläche aufgebaut, die für viel Spaß und Abwechslung für Jung und Alt sorgt.

Oben:
Der Weihnachtsmarkt am Marktplatz vor dem beleuchteten alten Rathaus zählt nicht nur zu den ältesten Vorweihnachtsmärkten der Stadt, sondern auch zu den schönsten und stimmungsvollsten Orten für die Einstimmung auf das eigentliche Fest.

Links:
Zu den beliebtesten Weihnachtsmärkten in Düsseldorf zählt der Markt vor dem Carsch-Haus an der Heinrich-Heine-Allee. Oft ist der Besucherandrang so groß, dass nur Schulter an Schulter an den Ständen entlanggelaufen werden kann.

Der Medienhafen und andere Viertel – Düsseldorfs kreative Szene

Dynamisch, kreativ und lebendig zeigt sich Düsseldorf im Medienhafen. Noch vor mehr als zwei Jahrzehnten durchzogen Gleise das Hafenviertel, ragten Lastkräne gen Himmel und säumten Lagerhäuser die Kaden. Heute dominieren Beton, Stahl und Glas die renovierten Hafengebäude und die neuen, teils außergewöhnlichen Architekturbeispiele, wie die Bürohäuser Neuer Zollhof des Architekten Frank O. Gehry. Im einst betriebsamen Hafenbecken schaukeln Freizeitboote und an den Kaden sorgen Restaurants für kulinarische Erlebnisse. Über allem wacht der weithin sichtbare Rheinturm. An seinem Fuß breiten sich der Rheinpark mit dem Apollo-Varieté-Theater, das verglaste „Stadttor", das WDR-Studio und der neue Landtag aus.

Die angrenzenden Viertel Unterbilk, Friedrichstadt und Oberbilk haben sich zu beliebten Wohnvierteln für Studenten entwickelt. Der Volksgarten in Bilk ist die grüne Lunge im Süden der Stadt, Eller punktet mit einem schönen Schloss und im aufstrebenden Flingern hat sich eine kreative Szene angesiedelt, angezogen durch preiswerten Wohn- und Arbeitsraum. Flingern ist auch das Viertel mit den meisten Bühnen, wie das Tanzhaus NRW, der Musiktempel Capitol, die Kultur- und Punkzentren Zakk und AK47.

In Pempelfort wurde im Schloss Jägerhof das Goethe-Museum eingerichtet. Der Hofgarten führt vom Museum zur Tonhalle und zum Ehrenhof, einst Messeausstellungsgelände, heute Museums- und Kulturzentrum. Derendorf beheimatet die Münster-Therme, während im Düsseltal mit der Buscher-Mühle die noch einzige Wassermühle der Stadt steht. Etwas nördlicher im Nordpark liegt der lohnenswerte Aquazoo, am linken Rheinufer das mondäne Oberkassel, wo der Wohnraum mit seinen hohen Quadratmeterpreisen zum teuersten in Deutschland zählt und auf der Rheinwiese jeden Sommer die größte Kirmes im Rheinland stattfindet.

Seite 76/77:
Von der Bar im Rheinturm
in 168 Metern Höhe bietet
sich ein spektakulärer
Blick auf den abends
beleuchteten Medienhafen.

Dabei wird auch deutlich,
warum dieser Stadtteil
zu den beliebtesten und
stimmungsvollsten
Vierteln der Stadt zählt.

Linke Seite:
Am Fuße des Rheinturms befindet sich der moderne Landtag Nordrhein-Westfalens, der 1988 feierlich eröffnet wurde. Die Architektur des kreisrunden Gebäudes soll die Funktion der politischen Arbeit mit einer repräsentativen Ausstrahlung vereinen.

Ein Gebäude, an dem der schweifende Blick im Medienhafen hängenbleibt, ist das Roggendorf-Haus in der Bildmitte. Der ehemalige, grundsanierte Speicher fällt aber nicht wegen seiner Architektur auf, sondern wegen der bunten Flossis, die an der Fassade hochklettern.

Im Zuge der Neugestaltung und Umfunktionierung des alten Wirtschaftshafens fand im ehemaligen Hafenbecken der Düsseldorfer Yachtclub, der 1908 als Segel- und Motorclub Ahoi gegründet wurde, einen schönen und optimalen Standort nahe allen interessanten Vierteln der Stadt.

Seite 80/81:
Das architektonisch äußerst interessante Gebäudeensemble im Medienhafen, darunter der vollverglaste Büroturm SIGN! (ganz links) und das alles überragende Colorium, in dem ein Hotel untergebracht ist.

Oben:
Im Hafenviertel schaukeln die Boote des Jachthafens in der Bucht und die schmucken Gehry-Bürohäuser zieren den Kai.

Rechts:
Das Regionalstudio des Westdeutschen Rundfunks (WDR) ist funktional gestaltet, lediglich der Haupteingang des Gebäudes wurde dem sogenannten Volksempfänger aus früheren Tagen des Rundfunks nachempfunden. Der Entwurf stammt vom Architekten Christoph Parade.

Oben:
Unterhalb der Rheinknie-
brücke am Rheinufer befin-
det sich das zum Apollo-
Varieté-Theater gehörende
Roncalli's Apollo Rhein
Rondell, ein schönes
Terrassencafé mit Lounge-
bänken, Liegestühlen und
Sonnenschirmen.

Links:
Blick auf das gastronomi-
sche Angebot des Designer-
hotels Hyatt Regency:
oben die Cocktailbar und
Lounge Pebble's Terrasse,
darunter das Restaurant
DOX, beide mit Blick auf
die Einfahrt zum Medien-
und zum Wirtschaftshafen.

GLAS, BETON UND STAHL –
KURZER ARCHITEKTONISCHER
STREIFZUG DURCH DIE STADT

Der Naturforscher und Weltreisende Georg Forster (1754–1794) unternahm im Frühjahr 1790 eine Reise entlang des Rheins, die ihn unter anderem nach Düsseldorf führte. Seine Eindrücke von der Stadt hielt er in seinem dreibändigen Werk „Ansichten vom Niederrhein" fest und er schwärmte darin von der Rheinmetropole: *„... Eine wohlgebaute Stadt, schöne massive Häuser, gerade und helle Straßen ... Vor zwei Jahren ließ der Kuhrfürst einen Theil der Festungswerke demolieren, und erlaubte auf dem Platze zu bauen. Jetzt steht schon eine ganze Stadt dort ... und in wenigen Jahren wird Düsseldorf noch einmal so groß als es war, und um vieles prächtiger seyn."*

Neue Wahrzeichen am Medienhafen

Düsseldorf hat sich seitdem in alle Himmelsrichtungen ausgebreitet und sein Stadtbild kontinuierlich verändert, was sich mit außergewöhnlicher Architektur bemerkbar macht, vor allem im Medienhafen. Den Beginn im Hafen machte der Stararchitekt Frank O. Gehry. Er schuf mit seinen Bürogebäuden „Neuer Zollhof" drei Bauwerke von außergewöhnlicher Schönheit. Die Fassaden sind gekrümmt, die glänzenden Oberflächen wirken dadurch gewellt und aus der Ferne betrachtet scheinen sich die Gebäude sanft im Wind zu wiegen. Am Südende des Hafens steht der verglaste, 20 Etagen umfassende Büroturm SIGN!, entworfen von Helmut Jahn, ein paar Schritte nebenan das um drei Geschosse niedrigere Colorium des Briten William Allen Alsop, das mit seiner bunten Fassade auf sich aufmerksam macht. Der schlichte Hyatt-Regency-Turm des Architekten Jurek Slapa fällt dagegen eher durch die ovale Loungebar am Fuße des Hotelturms auf. Nahe des Medienhafens erhebt sich das vollverglaste „Stadttor". Das 1998 fertiggestellte Gebäude wurde im gleichen Jahr mit dem MIPIM-Award, dem „Architektur-Oscar", als Bauwerk des Jahres ausgezeichnet.

In den letzten drei Jahrzehnten haben viele renommierte Architekten ihre Spuren in der Stadt hinterlassen, so auch David Chipperfield, Jo Coenen und Daniel Libeskind, der 2013 den Kö-Bogen I entwarf, ein Muss für alle Architekturliebhaber. Am Kö-Bogen II in der Nähe wird bereits gearbeitet. Doch nicht nur hypermoderne Architektur prägt das Stadtbild. Anfang des 20. Jahrhunderts errichtete man im Monumentalstil an der Heinrich-Heine-Allee das Warenhaus Tietz, heute als Galeria Kaufhof be-

kannt. Aufsehen erregte das in unmittelbarer Nähe stehende Carsch-Haus. 1915 in neoklassizistischem Stil erbaut, musste es in den 1980er-Jahren dem U-Bahn-Bau weichen. Kurzerhand wurde es Stein für Stein abgetragen und etwa 23 Meter weiter westlich wieder aufgebaut. Bei der Oberkasseler Brücke thront die Tonhalle, Teil des expressionistischen, in den 1920er-Jahren errichteten Ehrenhofs. Die Backsteingebäude dienten zunächst als Messegelände, heute wird die Tonhalle als Konzerthaus genutzt, in den Längsgebäuden des Ehrenhofs sind Museen untergebracht. In der gleichen Zeit machte die Stadt mit einem der ersten Bürohochhäuser Deutschlands auf sich aufmerksam: das zwölfstöckige Wilhelm-Marx-Haus, das zwischen 1922 und 1924 errichtet wurde. Übertrumpft wurde es Mitte der 1950er-Jahre durch den Bau des 88 Meter hohen Mannesmann-Büroturms am Rheinufer.

Ein paar Gehminuten davon entfernt, steht am Ufer des Schwanenspiegels das Ständehaus, heute K21 genannt. 1876 bis 1880 errichtet, wurde es 2002 für die Kunstsammlung Nordrhein-Westfalen umgebaut und erhielt dabei eine aus 1993 gläsernen Dreiecken bestehende Kuppel, die das Foyer des historischen Gebäudes überspannt. Auffallend auch die Form des Hauses K20 der NRW-Kunstsammlung auf dem Grabbeplatz, das vom Architektenbüro Dissing & Weitling in der Form eines Konzertflügels erbaut wurde. Ebenso markant das Schauspielhaus, dessen wellenförmige Architektur in den 1960er-Jahren für viele Diskussionen sorgte, und das Drei-Scheiben-Haus, das optisch wie drei parallel versetzte Scheiben wirkt. Fast alle erwähnten Gebäude kann man übrigens vom Rheinturm aus sehen, wo sich in 168 Meter Höhe ein fantastischer Panoramablick über die Stadt bietet.

Links:
An der Spitze der Landzunge, die den Medienhafen vom Wirtschaftshafen trennt, erheben sich zwei auffallend dunkle Kuben mit jeweils 19 Geschossen, die vom Architektenteam SOP entworfen wurden. Im linken Kubus ist das Hyatt Regency untergebracht, im rechten Büroräume.

Oben:
Wohl keine anderen Bauwerke der Stadt ziehen die Aufmerksamkeit mehr an und wurden aus allen Winkeln öfter fotografiert als die drei Bürogebäude „Neuer Zollhof", die mittlerweile zu einem Wahrzeichen der Stadt wurden.

Kleine Bilder rechts, von oben nach unten: Das Wilhelm-Marx-Haus an der Heinrich-Heine-Allee wurde als Bürohaus konzipiert und war in den 1920er-Jahren mit 57 Meter Höhe und 12 Stockwerken eines der ersten Hochhäuser in Deutschland. Das Haus steht seit 1984 unter Denkmalschutz.

1996 begann man mit dem Umbau des Ständehauses K21, das zur Kunstsammlung Nordrhein-Westfalen gehört. Auffallend ist die aus 1993 Dreiecken bestehende Glaskuppel, die das Atrium überspannt. Damit kreierte das Architektenbüro Kiessler & Partner einen großen Ausstellungsraum mit Tageslicht.

Aus dieser Perspektive sieht man deutlich die Idee der Architekten, die das K20 als Konzertflügel entwarfen. Die Funktion des Gebäudes als Kunstmuseum wird damit aber weniger unterstrichen.

So macht fahren mit der U-Bahn Spaß und das Auge hat auch noch etwas davon, denn die Stationen der Wehrhahn-Linie sind nicht nur zweckmäßige Bauwerke sondern wurden mit einem künstlerisch hochwertigen Innenleben ausgestattet.

Links:

Aus der Ferne betrachtet hat das eindrucksvolle Bürohochhaus die Form eines Torhauses, wovon sich denn auch der Name „Stadttor" ableitet. Darüber hinaus steht das Bauwerk oberhalb der Einfahrt in den Rheinufertunnel, womit es symbolisch auch als „Tor ins historische Zentrum" zu sehen ist. In den Büroräumen ist das nordrhein-westfälische Verkehrsministerium untergebracht, das die Staatskanzlei als Hauptmieter abgelöst hat.

Unten und ganz unten:

Das Stadttor wurde vom Architektenbüro Petzinka, Overdiek & Partner entworfen und in sechsjähriger Bauzeit ab 1992 errichtet. Damit schufen sie nicht nur ein markantes Gebäude in der Stadt sondern gewannen auch mehrere Preise für ihre Architektur. Auffallend ist die 56 Meter hohe Halle mit Vollverglasung an zwei Seiten und die runde Plattform im ersten Geschoss, zu der eine Rolltreppe führt.

87

Links und unten:
Das an der Rheinufer-
promenade unterhalb der
Rheinkniebrücke gelegene
Roncalli's Apollo Varieté-
Theater bietet allabendlich
eine Show mit viel Akroba-
tik, Livemusik und Komödi-
anten an. Das Programm
wird viermal pro Jahr vollständig gewechselt, mit
fast 500 Sitzplätzen ist es
das größte Varieté-Theater
Deutschlands und mit
seiner Ausstattung eines
der schönsten in Europa.
Die Vorstellungen lassen
sich mit Kulinarischem aus
der internationalen Küche
verbinden.

Seite 90/91:
Blick vom Mannesmann-
Turm auf den Kaiserteich
im Vordergrund und auf
die Stadtteile Unterbilk
und Friedrichstadt.

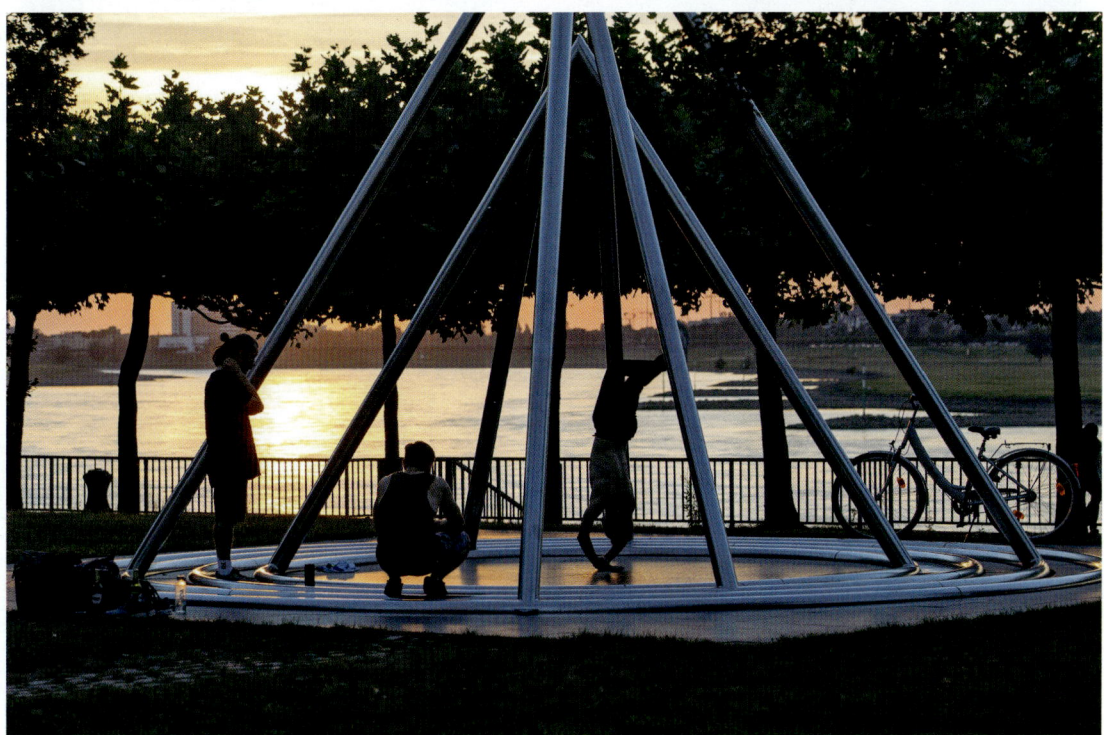

Oben:
Eine kleine Fläche im
Rheinpark bei der Rhein-
kniebrücke nutzen unter
anderem die sogenannten
Breakdancer für ihre Tanz-
form, die als Teil der Hip-
Hop-Bewegung unter afro-
amerikanischen Jungen
im New Yorker Manhattan
und der Bronx in den
1970er-Jahren entstand.

Was für Hamburg die Hafenstraße war, war in Düsseldorf die Kiefernstraße im Stadtteil Flingern-Süd. In den 1980er-Jahren kam es in der Straße zu Auseinandersetzungen zwischen Polizei und Hausbesetzern, die den Leerstand in den Wohnanlagen mit ihren Aktionen und Besetzungen anprangern wollten. Darüber hinaus wurde die Szene auch mit der Roten Armee Fraktion in Verbindung gebracht.

Heute haben die Hausbesetzer von damals normale Mietverträge für ihr Dach über dem Kopf, die Fassaden wurden von den Bewohnern künstlerisch gestaltet und geben den Wohnhäusern eine besondere, bunte Ausstrahlung in der sonst grauen Bebauung ringsum, denn grob betrachtet ist die Kiefernstraße eine Wohninsel inmitten Gleistrassen, stillgelegter Industrieanlagen und Gewerbeobjekten.

Der Schwanenspiegel im Süden des Stadtteils Carlstadt ist eines der vielen Gewässer in der Stadt, die zum ursprünglichen Befestigungsring aus Mauern und schützenden Wassergräben gehörten. Sein heutiges Aussehen hat der Teich durch rigorosen Umbau zu Beginn des 19. Jahrhunderts erhalten. Einen Steinwurf südlicher liegt der Kaiserteich, an dessen Ufer sich das Ständehaus K21 erhebt.

Oben:
Der Volksgarten entstand im 19. Jahrhundert und ist Teil des Südparks, der mit 70 Hektar die größte und am meisten frequentierte Parkanlage der Stadt ist. Im Volksgarten gibt es einen sehr beliebten Biergarten, der im Sommer oft zum Bersten gefüllt ist.

Links:
„Vater Rhein und seine Töchter" stellt die Brunnenplastik vor dem Ständehaus K21 am Kaiserteich dar und wurde von den Bildhauern Josef Tüshaus und Karl Janssen geschaffen. Die Enthüllung fand 1897 statt.

Links und unten:
*Schloss Jägerhof am West-
ende des Hofgartens
wurde nach schwerer
Beschädigung im Zweiten
Weltkrieg erst zehn Jahre
nach Kriegsende wieder
vollständig aufgebaut. Die
Räume werden seitdem
größtenteils für Museen
verwendet. Seit 1987 befindet sich im Schloss das
Goethe-Museum mit einer
Dauerausstellung über
das Leben und Schaffen
von Goethe, der in Düsseldorf regelmäßig zu Gast
war und dabei häufig im
nahegelegenen Jacobi-
Haus, heute Sitz des Ver-
eins Malkasten, wohnte.*

Oben:
*Schloss Eller im gleichna-
migen Stadtteil entstand
1826 an Stelle einer
Wasserburg, wovon noch
Wassergräben um das
Areal herum zeugen. Das
Haupthaus kann heute für
Konferenzen, Meetings und
Hochzeitsfeiern gemietet
werden. Sehenswert sind
vor allem die gepflegte
Parkanlage und die Neben-
gebäude im Fachwerkstil.*

Oben:
Das allgemein als Jacobi-Haus bekannte Landhaus des Philosophen Friedrich Heinrich Jacobi, in dem Persönlichkeiten wie Wieland, Herder, Goethe und Humboldt verweilten, dient heute als Sitz des Künstlervereins Malkasten. Im weitläufigen Park sind Kunstwerke ausgestellt.

Rechts:
Beim Ratinger Tor handelt es sich um kein mittelalterliches Stadttor; es wurde von 1811 bis 1815 im klassizistischen Stil erbaut, nachdem der mittelalterliche Vorgänger im Zuge der Schleifung der Festungsanlagen ebenfalls dem Erdboden gleichgemacht wurde.

Links:
Circa 28 Hektar groß ist der Hofgarten, der sich in den Stadtteilen Mitte und Pempelfort ausbreitet und die grüne Lunge im Zentrum ist. Historische Gebäude am Rande des Parks lohnen einen Besuch, Denkmäler, Skulpturen und Konzerte, die vorwiegend in den Sommermonaten im Park abgehalten werden, beleben den Park.

Unten:
Eines der historischen Häuser am Rande des Hofgartens ist das im Barockstil erbaute Hofgärtnerhaus, in dem sich heute das Theatermuseum der Landeshauptstadt Düsseldorf befindet.

Die Tonhalle am Beginn der Oberkasseler Brücke wurde unter dem Namen Rheinhalle Mitte der 1920er-Jahre als Mehrzweckhalle für die Messe erbaut mit dem Grundgedanken, dass die Halle später als Planetarium Verwendung finden sollte. Skulpturen an der Freitreppe, die Mars, Jupiter, Saturn und Venus symbolisieren, deuten darauf noch hin. Heute wird die Tonhalle als Konzerthalle genutzt, in der fast täglich ein Konzert stattfindet.

Diverse Biersorten, Bock-
würste und im Winter
Erbsensuppe bilden das
Angebot der rot-weißen
Trinkhalle Fortuna-Büd-
chen am Tonhallenufer
nahe der Oberkasseler
Brücke. Sie hat mittlerweile
Kultstatus erreicht und ist
aus dem Stadtbild nicht
mehr wegzudenken. 2017
war sie wegen baulicher
Veränderungen von der
Schließung bedroht, doch
die Bevölkerung sprach
sich in einer Petition vehe-
ment dagegen aus. Selbst-
bedienung ist hier die
Regel, die Kaimauer dient
als Sitzfläche und das
Leergut wird wieder brav
zurückgebracht.

Der monumentale Ehrenhof mit expressionistischen Backsteingebäuden wurde von 1925 bis 1926 nach einem Entwurf des Architekten Wilhelm Kreis als neues Messegelände der Stadt für die Ausstellung GeSoLei – Gesundheit, Sozialfürsorge und Leibesübungen erbaut. Die Düsseldorfer Messe hat die Anlage schon lange verlassen, die Gebäude haben eine neue Verwendung gefunden als Konzerthalle (Tonhalle), Kunst- und Glasmuseum (ganz unten) und als Ort für verschiedene Veranstaltungen wie „Nacht der Museen", wo im Atrium des Kunstmuseums eine Band die Menschen unterhält.

Oben:
Wann genau die Buscher Mühle an der Düssel erbaut wurde, kann man nicht eindeutig feststellen, man vermutet das 14. Jahrhundert. Tatsache ist, dass die Buscher Mühle die letzte noch erhaltene Wassermühle im Stadtgebiet ist. Schon deswegen lohnt sich ein Besuch.

Rechts:
Schwimmen, eintauchen, entspannen, dem Alltag entfliehen: ein guter Ort dafür ist die Münster-Therme, eines der wenigen Kaiserbäder, die die Wirren der Kriege fast unbeschadet überstanden hat. Das historische und sehenswerte Hallenbad ist seit 1902 in Betrieb.

Oben:
*Der Golzheimer Friedhof
im gleichnamigen Stadt-
teil dient heute als Grün-
anlage. Berühmte Persön-
lichkeiten der Stadt aus
dem 19. Jahrhundert sind
hier begraben, unter anderem auch der Gartenarchi-
tekt Maximilian Friedrich
Weyhe, der den Friedhof
1816 gestaltete. Der
Friedhof steht unter Denkmalschutz.*

Links:
*Der Aquazoo im Nordpark,
auch als Löbbecke-Museum
bekannt, ist ein Highlight
der Stadt und hat als
Schwerpunkt die Evolution
der biologischen Vielfalt,
die den Besuchern in
25 Themenräumen wie
„Im Meer", „An Land" und
„Im Süßwasser" näher-
gebracht werden.*

Seite 106/107:
Aus der Luft ist schön zu
sehen, wie Oberkassel an

den Verlauf des Rheins,
der hier einen Bogen
macht, angepasst ist.

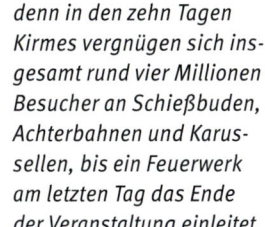

Links und ganz unten:

Die Rheinwiesen vor den Toren von Oberkassel sind das ganze Jahr hindurch wenig ausgelastet, außer es steht die Rheinkirmes vor der Tür, die größte am Niederrhein. Dann herrscht fast Ausnahmestimmung, denn in den zehn Tagen Kirmes vergnügen sich insgesamt rund vier Millionen Besucher an Schießbuden, Achterbahnen und Karussellen, bis ein Feuerwerk am letzten Tag das Ende der Veranstaltung einleitet.

Unten:

Wer die Kirmes besuchen möchte, aber Oberkassel noch nicht kennt, der sollte vom Kirmestrubel ein paar Schritte Richtung Ort gehen und die Häuser und Villen mit schönen Jugendstilfassaden am Rheinufer und in den Seitengassen besichtigen.

Am Stadtrand und in der Umgebung – Düsseldorfs grüne Zone

Der hundert Hektar große Grafenberger Wald befindet sich am nordöstlichen Stadtrand zwischen den Gemeinden Grafenberg und Gerresheim. Im Süden des Waldes wurde der frei zugängliche Grafenberger Wildpark geschaffen, wo unter anderem Wildschweine und Rotwild in Gehegen aus nächster Nähe zu beobachten sind. Ein Netz aus Wegen durchzieht den Wald, die zu ausgedehnten Spaziergängen einladen.

Am Ostrand Düsseldorfs breitet sich der Stadtwald aus. Kleine Naturschutzgebiete und gepflegte Schlossparks wie der von Heltorf, Kalkum und Benrath ergänzen diese Grünzone. Den Erholungswert erhöhen außerdem der frei zugängliche Grafenberger Wildpark, das Neanderthal-Museum in Mettmann und das Schloss Benrath, das vor über 200 Jahren von Nicolas de Pigage für den Kurfürsten Carl Theodor erbaut wurde. Im rund 60 Hektar großen Anwesen finden regelmäßig wechselnde Veranstaltungen statt. Im Ost- und im Westflügel ist das Naturkundemuseum beziehungsweise das Museum für Gartenkunst untergebracht.

Einen Kilometer südlich von Benrath liegt der Ortsteil Urdenbach mit schönen Fachwerkhäusern im Zentrum und dem Naturschutzgebiet Urdenbacher Kämpe. Von hier aus gibt es eine Fähre in die Festungsstadt Zons, die wegen ihrer Standfestigkeit gegenüber Belagerern den Beinamen „Stadt mit dem eisernen Willen" erhalten hat. Wehrhafte Mauern, Türme und die Burg sind heute noch fast vollständig erhalten. Blickfang ist die Windmühle an der südwestlichen Stadtmauer.

Stromabwärts in Neuss befindet sich das moderne Museum Insel Hombroich, in Niederkassel das japanische EKŌ-Haus samt schönem Garten und in Kaiserswerth erhebt sich die Kaiserpfalz, die Kaiser Friedrich Barbarossa für den Rheinzoll nutzte. Von der einst mächtigen, mittelalterlichen Burg sind nur wenige Mauerreste übrig, doch lohnt ein Ausflug hierher schon wegen der Lage der Burg am Rhein und des malerischen Ortszentrums.

Von Kaiserswerth sind es nur noch ein paar Kilometer nach Duisburg mit einem der größten Binnenhäfen Deutschlands, dem Museum für Binnenschifffahrt und dem Stadtteil Ruhrort, wo einst der Schauspieler Götz George als raubeiniger Kommissar Schimanski sein Unwesen trieb.

Oben:
Nordwestlich des Benrather Zentrums liegt das Lust- und Jagdschloss Benrath, das vom pfälzischen Kurfürsten Carl Theodor in Auftrag gegeben und von Nicolas de Pigage im Rokoko-Stil Mitte des 18. Jahrhunderts erbaut wurde. Zum Schloss gehört eine ausgedehnte Parkanlage, die vor allem am Wochenende viele Besucher anzieht. In den Seitenflügeln des Schlosses sind zwei Museen untergebracht: das Gartenmuseum und das Naturkundemuseum.

Rechts:
Das kleine Benrath mit gerade mal einer Fläche von sechs Quadratkilometern und rund 16 000 Einwohnern im Süden der Stadt zählt zu den gefragtesten Wohngegenden Düsseldorfs.

Links:
Vor allem in unmittelbarer Nähe des Schlosses Benrath gibt es wunderschöne Wohnviertel mit Appartements und Häusern, die aber nicht für jeden Geldbeutel geeignet sind, wie man an den weiß-getünchten Villen in der Sophienstraße, der Pigageallee oder wie hier in der Meliesallee leicht ablesen kann.

Unten:
Am südlichen Stadtrand, etwa einen Kilometer von Schloss Benrath entfernt, liegt Urdenbach. Das Haus Nr. 11 in der pittoresken Dorfstraße stammt aus dem 18. Jahrhundert.

Rechts und ganz unten:
Die über 10 000 Einwohner zählende Gemeinde entwickelte sich aus einem ehemaligen Fischer- und Töpferdorf. Spuren aus dieser Zeit sind heute noch vorhanden. Im Zentrum von Urdenbach verbergen sich außergewöhnliche kulturhistorische Schätze in Form von gut erhaltenen Fachwerkhäusern, deren Alter bis ins 16. Jahrhundert zurückreicht.

Oben:
Die denkmalgeschützte Windmühle gehört zu den Wahrzeichen der Zonser Altstadt. Zwei Jahre hatte die aufwändige Sanierung gedauert, 2011 konnte dann das erste Fest der frisch renovierten Mühle abgehalten werden. Alljährlich zu Pfingsten kann man seitdem beim Mühlenfest die Windmühlenflügel in Betrieb bewundern.

Rechts:
Schon beim Betreten der Festungsstadt Zons durch das südliche Stadttor wird deutlich, dass der kleine Ort mit seinen malerischen Gassen, verschwiegenen Plätzen und gepflegten, gut erhaltenen Bürgerhäusern ein historisches Juwel ist, das einen Ausflug lohnt.

Von der Rheinfähre kommend, erreicht man als erstes das historische Rheintor mit dem Rheinturm. Ab dem Stadttor führt die Rheinstraße direkt zum Schlossplatz im Herzen der Altstadt. Unterwegs säumen wunderschöne Fachwerkhäuser die Straße, die anschaulich vermitteln, wie Zons früher einmal ausgesehen hat. In der Nähe des Rheintors findet man übrigens die ältesten Häuser der Festungsstadt.

LEBENSADER RHEIN

Der Rhein ist seit jeher von wirtschaftlicher Bedeutung für die Stadt, dementsprechend alt ist die Geschichte des Düsseldorfer Hafens. Jahrhundertelang löschten Handelsschiffe und Lastenkähne ihre Fracht an geeigneten Uferstellen nahe der heutigen Altstadt. Im 17. Jahrhundert wurde mit dem Bau eines kleinen Hafens begonnen, etwa dort wo heute der Stadtteil Carlstadt liegt. Der alte Hafen samt 15 Meter langem Kahn, der 1996 als Dekoration im Becken verankert wurde, lässt allerdings nur noch erahnen, wie es damals hier aussah. Das Becken des alten Hafens ist übrigens durch den Bau des Rheinufertunnels vom Rhein abgetrennt.

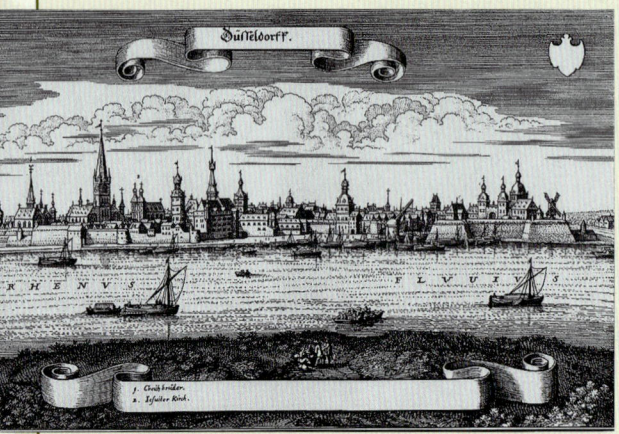

Zwei Jahrhunderte später wurde mit dem Bau eines sogenannten Sicherheitshafens begonnen, zum Schutz der Schiffe vor Hochwasser und treibenden Eisschollen. Mit dem raschen Voranschreiten der Industrialisierung im 19. Jahrhundert in und im Umland von Düsseldorf, der immer größer werdenden Frage nach Rohstoffen, dem Abtransport der Produkte und last but not least der aufkommenden Dampfschifffahrt auf dem Rhein wurde von der Stadtverwaltung beschlossen, einen großen Wirtschaftshafen anzulegen. Die geeignete Stelle dafür sah man schließlich im Bereich einer Uferregion mit dem Namen Lauswerd an der Südseite des Rheinknies. 1896 wurden die ersten Anlagen des neuen Hafens eröffnet, der damals zu den modernsten in Europa zählte. Durch den rasant anwachsenden Warenumschlag war seine Kapazität jedoch schon bald zu klein, weshalb man 1904 beschloss, den Hafen zu erweitern.

Wechselvolle Zeiten

Unter den Wirren des Ersten Weltkrieges und der damit einhergehenden Weltwirtschaftskrise hatte der Düsseldorfer Hafen, wie viele andere europäische Häfen auch, schwer zu leiden. Erst zu Beginn der 1930er-Jahre wurden

wieder positivere Zahlen beim Warenumschlag vermerkt. Während des Zweiten Weltkrieges wurde der Hafen weitgehend für den Nachschub und die Verteilung von Waffen der deutschen Rüstungsindustrie genutzt. Nach regelmäßigen Bombenangriffen und massiven Zerstörungen als Folge davon kam der Güterverkehr 1945 letztlich vollständig zum Stillstand. Erst drei Jahre nach Ende des Zweiten Weltkrieges war der Hafen wieder so weit hergestellt, dass er wieder für den Warenumschlag benutzt werden konnte. In den 1950er-Jahren gab es das sogenannte Wirtschaftswunder in Deutschland, wovon auch der Düsseldorfer Hafen enorm profitierte. Der Handel stieg rasant an, doch die wirtschaftliche Flaute ließ nicht lange auf sich warten. In den 1960er-Jahren kam der Einbruch durch die Kohle- und Stahlkrise. Trotzdem entschloss sich die Stadtverwaltung, den Hafen erneut zu vergrößern, was aber zu einer Überdimensionierung der Anlagen führte, wie man Jahre später feststellen sollte. Als logische Konsequenz daraus beschloss man die Verkleinerung des Hafens. Anfang der 1970er-Jahre entschied man schließlich, Teile des Hafens umzustrukturieren und in einen modernen Dienstleistungsstandort umzuwidmen. Mitte der 1970er-Jahre begannen die Arbeiten. Aus dem ehemaligen Zollhafen wurde ein Jachthafen, 1982 schoss der Rheinturm aus dem Boden und Ende der 1980er-Jahre kamen der neue Landtag, das WDR-Studio und der Rheinpark am Fuße des Turms dazu. Anfang der 1990er-Jahre wurden Teile des Hafens zum heutigen Medienhafen umgebaut, ein Schritt, der bis heute seine Früchte abwirft. Zahlreiche Unternehmen aus der Mode-, Design- und Medienbranche haben sich mittlerweile im Medienhafen angesiedelt. Restaurants, Clubs und Lounges ließen nicht lange auf sich warten

Links:
Im Schlossturm ist auf mehreren Etagen das Binnenschifffahrtsmuseum untergebracht, das anhand von Modellen, Dokumenten, Bildern und grafischen Darstellungen die Geschichte der Rheinschifffahrt und die Bedeutung des Rheins beleuchtet.

Ganz links:
Die historische Ansicht von Düsseldorf von Matthäus Merian dem Älteren aus dem Jahre 1647 unterstreicht die Bedeutung des Rheins für die Stadt.

und machten aus dem sterilen Büroviertel auch ein Ausgehviertel mit regem Nachtleben. Und der Bürokomplex Neuer Zollhof des Architekten Frank O. Gehry von 1998 krönte die Umgestaltung und gilt seither als das Aushängeschild des neuen Viertels.

Über die Entwicklung der Rheinschifffahrt, des Düsseldorfer Hafens und Handels auf dem Rhein informiert das kleine Schifffahrtsmuseum im Schlossturm am Burgplatz. Und nicht zuletzt eröffnet der Rhein bei einer Fahrt mit einem der Ausflugsboote auch eine andere Perspektive auf die Stadt und die Orte entlang des Niederrheins.

Oben:
Obwohl der Gütertransport größtenteils über die Schiene und auf Frachtwagen stattfindet, ist der Transport auf Wasserstraßen für viele Nischen noch immer interessant und lukrativ. Vor allem Kohle, Sand und andere Baumaterialien werden befördert.

Rechts oben:
Aus der Vogelperspektive ist gut zu sehen, wo der neue Wirtschaftshafen seinen Ursprung fand: in der Bildmitte die „Landzunge" Lauswardt, die geeignetste Stelle damals mit der Hafeneinfahrt links unten und dem Rhein rechts.

Rechts Mitte:
Wenn die Ausflugsschiffe nicht gerade auf dem Rhein Richtung Duisburg oder Köln fahren, liegen sie meistens am Ufer der Altstadt und die Decks dienen als Café und Restaurant.

Rechts:
Der Warenumschlag im Containerhafen von Düsseldorf hat in den letzten Jahrzehnten kontinuierlich abgenommen, wodurch das Wachstum des Binnenhafens deutlich abgeschwächt wurde.

Unten:
An vielen Stellen des
Rheins haben Fähren ihren
Status als Bindeglied in der
Infrastruktur an Brücken
verloren. Am südlichen
Stadtrand beim Natur-
schutzgebiet Urdenbacher
Kämpe gibt es aber noch
eine Fähre, die täglich
zwischen Urdenbach und
Zons hin- und herpendelt.

Unten:
Die Architektur des
Neanderthal-Museums in
Mettmann wurde bereits
mehrfach mit Preisen aus-
gezeichnet. Entworfen
wurde der Bau von Günter

Zamp Kelp, Julius Krauss
und Arno Brandlhuber,
die 1993 den Zuschlag
nach einer Ausschreibung
erhielten, an der sich über
130 Architekten beteiligt
hatten.

Ganz unten:
Eine Zeitreise durch vier
Millionen Jahre der
Geschichte der Menschheit
durchlebt man auf mehre-
ren Etagen des Neander-

thal-Museums, unter ande-
rem mit lebensgroßen
Figuren, die anhand von
Funden weltweit lebens-
echt modelliert wurden.

Seite 122/123:
Der begrünte Stiftsplatz im
Herzen des charmanten
Kaiserswerth zählt zu den

schönsten Plätzen des
Ortes, nicht zuletzt wegen
der wunderschön restau-

rierten Gebäude, die ein
harmonisches Ensemble
bilden.

Oben:
Einer der Hauptanziehungs-
punkte in Kaiserswerth ist
die Burgruine des Kaisers
Barbarossa, der die einst
mächtige Festung am
Rheinufer erbauen ließ, um
mit ihrer Hilfe Zoll von den
vorbeifahrenden Schiffen
einzukassieren. Die Ruine
kann besichtigt werden.

Rechts:
Einer der ältesten Funde im
Düsseldorfer Stadtgebiet:
der Menhir von Kaisers-
werth. Er wird auf ein Alter
von etwa 4000 Jahren ge-
schätzt, ist 170 Zentimeter
hoch und steht an der Ecke
Alte Landstraße/Zeppen-
heimer Weg.

Oben:
Den Süden des Stifts-
platzes begrenzt die Stiftskirche Sankt Suitbert. Für
ihre Mauern wurde vulka-
nischer Tuffstein verwen-
det, was unter anderem an
den Poren des Gesteins
und der Farbe gut zu er-
kennen ist. Mehrere Kriege
haben der Kirche stark
zugesetzt. Im Zweiten Weltkrieg wurden vor allem
die Türme beschädigt, die
danach nicht mehr aufge-
baut wurden. Heute ist nur
noch ein kleiner Glocken-
turm erhalten.

Links:
Das Innere der Kaisers-
werther Stiftskirche weist
spätromanische und
gotische Elemente auf.
Die Chorfenster und der
Glockenstuhl stammen aus
den Nachkriegsjahren,
die Orgel aus der Mitte der
1970er-Jahre.

Rechts:
Das Wasserschloss Kalkum ist ein gutes Beispiel für den klassizistischen Palastbau. Basis bildet eine Ritterburg der Herren von Kalkum. Sein heutiges Aussehen erhielt das Schloss Anfang des 19. Jahrhunderts. Bis 2014 war im Schloss das Landesarchiv Nordrhein-Westfalen untergebracht. Heute steht es größtenteils leer, es wird aber noch für diverse Veranstaltungen genutzt.

Unten:
Im EKŌ-Haus der Japanischen Kultur in Niederkassel werden unterschiedliche Kurse abgehalten, die Interessierten unter anderem die traditionelle Kultur, die Lebensweise und den Buddhismus im japanischen Leben näherbringen sollen.

Oben:
Im Norden Düsseldorfs im Stadtteil Angermund liegt Schloss Heltorf. Zur Anlage gehört ein wunderschöner Park im englischen Landschaftsstil, der am Wochenende geöffnet ist und mit zahlreichen Pflanzenarten aufwartet, darunter das deutschlandweit zweitälteste Rhododendronvorkommen.

Links:
Die Natur auf der Insel Hombroich und die Ausstellungsstücke in den Gebäuden bilden den Anziehungspunkt dieses Museums. Die Ausstellungsstücke sind nicht mit Informationstafeln versehen, der Betrachter sollte sich vor dem Umherwandern informieren oder einfach seiner eigenen Fantasie freien Lauf lassen.

Oben:
Ein denkmalgeschützter Speicher aus den 1930er-Jahren bildet die Basis für den markanten Bau im Innenhafen von Duisburg, in dem die Abteilung Rheinland des Landesarchivs Nordrhein-Westfalen untergebracht ist.

Rechts:
Mitte der 1970er-Jahre öffnete das Museum der Deutschen Binnenschifffahrt seine Pforten in einem Ruhrorter Hallenbad aus der Jugendstil-Epoche. Es ist das größte und umfassendste Museum seiner Art und wurde nicht zufällig in Duisburg angesiedelt, denn der Hafen gilt als Europas größter Binnenhafen.

Seite 128/129:
Der 180 Hektar große Land-
schaftspark Nord in Duis-
burg ist ein gelungenes
Beispiel für die Umnutzung
alter Industrieanlagen aus
Zeiten der Kohleförderung
und -verarbeitung. Heute
werden die Gebäude des
stillgelegten Hüttenwerks
als Aussichtspunkte,
Klettergarten, Seminar-
und Konferenzzentren ver-
wendet. Im Gasometer
kann man sogar tauchen.

Der Duisburger Stadtteil
Ruhrort war jahrzehnte-
lang Schauplatz der
beliebten Fernsehserie
Tatort. Hier wurden viele
Folgen mit dem raubeini-
gen Hauptkommissar
Horst Schimanski gedreht,
der vom unvergessenen
Götz George verkörpert
wurde. Mittlerweile gibt es
Führungen durch Ruhrort
zu den bekanntesten Dreh-
orten, wie zum Pegel Ruhrort am Rheinufer und zum
Jachthafen, natürlich mit
jeder Menge Anekdoten.

Oben:
Über 700 Jahre hat die Duisburger Salvatorkirche auf dem Buckel, die zu den bedeutendsten spätgotischen Kirchenbauten am Rhein zählt. Errichtet wurde sie anstelle einer älteren Pfalzkirche vom römisch-katholischen Deutschen Orden, der das Patronat der Kirche bis zur Reformation innehatte.

Rechts:
Das Lehmbruckmuseum in Duisburg befasst sich weitgehend mit zeitgenössischer Kunst, im Besonderen mit den Werken des Bildhauers und Grafikers Wilhelm Lehmbruck, der 1881 in Duisburg zur Welt kam und im Alter von nur 38 Jahren seinem Leben ein Ende setzte.

Oben:
Die Wurzeln des Duisburger Rathauses reichen bis ins Mittelalter zurück. Auf einer Karte erscheint es erstmals Mitte des 16. Jahrhunderts. Mitte und Ende des 19. Jahrhunderts wurde das heutige Gebäude im Stil der Frührenaissance errichtet.

Links:
Viel von der Duisburger Stadtmauer ist nicht mehr vorhanden, die Reste zeugen aber dennoch von der einstigen, massiven Bauweise der Stadtmauer, die ein Gebiet von knapp 32 Hektar einfasste und die Stadt vor Angreifern schützte.

REGISTER

Jeden Tag ein magischer Moment am Rheinufer: der Sonnenuntergang hinter der Rheinkniebrücke.

Impressum

Buchgestaltung
Matthias Kneusslin
www.hoyerdesign.de

Karte
Fischer Kartografie, Aichach

Alle Rechte vorbehalten

Printed in Italy
Repro: Artilitho snc, Lavis-Trento, Italien
www.artilitho.com
Druck und Verarbeitung:
Grafiche Stella srl, Verona, Italien
www.grafichestella.it
© 2018 Verlagshaus Würzburg GmbH & Co. KG
© Fotos: Hans Zaglitsch
© Texte: Linda O'Bryan

ISBN 978-3-8003-4288-4

Bildnachweis
Alle Bilder von Hans Zaglitsch mit Ausnahme von:
S. 88 und S. 89 rechts oben: Varieté-Theater Apollo, Jens Howorka; S.100 links unten: Tonhalle, Susanne Diesner; S. 104 links unten: Münster-Therme; S. 105 rechts oben: Aquazoo, Jaroslaw Miernik; S. 119 rechts oben: Archiv des Verlages; S. 121 rechts oben und unten: Neanderthal-Museum, Mettmann.

Danke!
Hans Zaglitsch, der Fotograf und Mitautor dieses Bildbandes, bedankt sich bei allen Personen und Institutionen für ihre freundliche Unterstützung, insbesondere bei den Museen, dem Wirtschaftsministerium des Landes Nordrhein-Westfalen und der Rheinturm-Gastronomie für die Genehmigungen zum Fotografieren sowie bei der Tonhalle, der Münster-Therme, beim Neanderthal-Museum, Aquazoo und Varieté-Theater Apollo für die Bereitstellung von Bildmaterial.

Unser gesamtes Programm finden Sie unter:
www.verlagshaus.com